COUP DE POUCE

COLLECTION
CULINAIRE

PLATS DE
RÉCEPTION

D1386001

Les compagnies canadiennes suivantes ont participé à la production
de cette collection: Colour Technologies, Fred Bird & Associates Limited,
Gordon Sibley Design Inc., On-line Graphics, Les Éditions Télémédia Inc. et
The Madison Book Group Inc.

Coup de pouce est une marque déposée des Éditions Télémédia Inc.
Tous droits réservés, qu'ils aient été déposés ou non.

Nous remercions pour leur contribution
Drew Warner, Joie Warner et Flavor Publications.

Cette collection est une production de:
The Madison Book Group Inc.
40 Madison Avenue
Toronto, Ontario
Canada
M5R 2S1

PLATS DE RÉCEPTION

■ *Couverture:*
Côtelettes d'agneau au
romarin (p. 26).

S i la planification d'une réception vous donne des maux de tête, ne vous faites plus de souci! Nous avons résolu pour vous tous les problèmes. Qu'il s'agisse d'une dîner élégant pour quatre personnes ou d'une réception décontractée sur le patio, vous trouverez dans ce livre 55 recettes alléchantes et délicieuses qui satisferont tous les goûts et qui répondront aux besoins de toutes les circonstances — des amuse-geule appétissants tels que les *Mini-brochettes de porc et sauce aux prunes* et les *Ailes de poulet panées au parmesan* aux plats de résistance délectables tels que les *Côtelettes d'agneau au romarin* et le *Rôti de porc aux pommes*. Vous trouverez aussi un excellent choix de desserts saisonniers comme la *Tarte croustillante à la rhubarbe et à la crème sure* et le *Pavé au citron* — et des petits trucs pour sauver du temps, des suggestions pour le service et la décoration des plats.

Plats de réception est un des huit livres de la COLLECTION CULINAIRE COUP DE POUCE. Chaque livre présente des plats faciles et savoureux que vous ne vous lasserez pas de cuisiner. Toutes les recettes de la collection ont été sélectionnées et expérimentées avec soin pour vous assurer des résultats parfaits en tout temps. En collectionnant les huit livres, vous pourrez choisir parmi plus de 500 plats ceux qui, jour après jour, donneront un air de fête à tous vos repas.

Carole Schinck

Carole Schinck
Rédactrice en chef, *Coup de pouce*

Tarte aux petits légumes

Présentez cette délicieuse tarte à l'heure de l'apéro. Coupez-la en carrés et servez dans de petites assiettes avec une fourchette.

	CROÛTE	
4 t	pain frais grossièrement émietté	1 L
2/3 t	parmesan frais râpé	150 ml
1/2 t	beurre, fondu	125 ml

	GARNITURE À L'OEUF	
2 t	ricotta ou fromage à la crème	500 ml
1/2 t	parmesan frais râpé	125 ml
1	oeuf	1
2 c. à tab	persil frais haché fin	30 ml
1/2 c. à thé	sel	2 ml
1/2 c. à thé	basilic séché	2 ml
	Une pincée de poivre	

	GARNITURES	
2 t	bouquets de brocoli	500 ml
1 t	bouquets de chou-fleur	250 ml
1/4 lb	saumon fumé	125 g
1/4	concombre anglais, pelé et tranché	1/4
4	champignons, tranchés	4
4	olives noires, coupées en quatre	4
7	tomates cerises, coupées en quatre	7
2 c. à tab	caviar de lompe noir	30 ml
1 c. à thé	câpres	5 ml

■ **Croûte:** Sur une plaque à pâtisserie, faire griller les miettes de pain au four préchauffé à 350°F (180°C) pendant 10 à 15 minutes, en les remuant une fois, ou jusqu'à ce qu'elles soient dorées. Mettre dans un bol et incorporer le fromage et le beurre. Étendre en pressant fermement dans un moule à tarte à fond amovible de 11 × 8 po (28 × 20 cm). Cuire au four préchauffé à 350°F (180°C) pendant 10 minutes ou jusqu'à ce que la croûte soit dorée.

■ **Garniture à l'oeuf:** Dans un bol, battre la ricotta avec le parmesan, l'oeuf, le persil, le sel, le basilic et le poivre jusqu'à ce que la préparation soit homogène. Verser dans la croûte et lisser la surface. Cuire pendant 20 à 25 minutes jusqu'à ce que la garniture soit ferme et que la pointe d'un couteau inséré au centre en ressorte propre. Laisser refroidir sur une grille. *(La tarte peut être préparée jusqu'à cette étape, couverte et réfrigérée pendant 24 heures.)*

■ **Garnitures:** Au plus 2 heures avant de servir, blanchir le brocoli et le chou-fleur dans de l'eau bouillante salée pendant 1 minute. Passer sous l'eau froide. Égoutter et éponger. Couper le saumon en lanières courtes. Sur la garniture à l'oeuf refroidie, disposer joliment, en rangées obliques, les bouquets de brocoli et de chou-fleur, les lanières de saumon, les tranches de concombre et de champignon, les olives, les tomates et le caviar de lompe. Parsemer des câpres. Couvrir et réfrigérer jusqu'au moment de servir. Donne environ 20 hors-d'oeuvre.

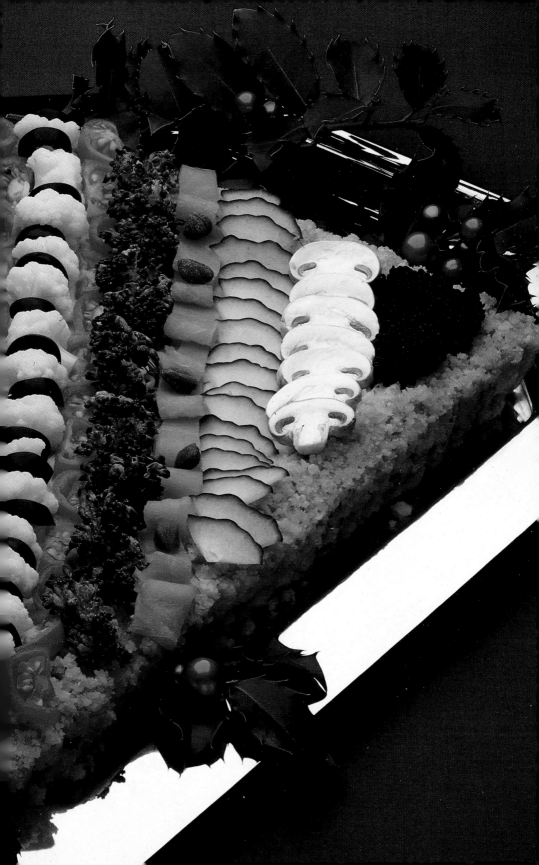

Crêpes de pommes de terre aux crevettes et à l'aneth

Servez ces crêpes comme hors-d'oeuvre et garnissez-les d'une cuillerée de crème sure et d'un peu de caviar.

3	pommes de terre (1 1/4 lb/625 g)	3
3	oeufs	3
2/3 t	farine	150 ml
1 c. à thé	levure chimique (poudre à pâte)	5 ml
1 c. à thé	sel	5 ml
1/2 c. à thé	poivre	2 ml
3 c. à tab	beurre, fondu	45 ml
1 1/3 t	crème à 10 %	325 ml
1 t	petites crevettes cuites	250 ml
3 c. à tab	aneth frais haché	45 ml
1/3 t	beurre doux	75 ml

■ Peler les pommes de terre et les couper en quatre. Les cuire dans de l'eau bouillante salée jusqu'à ce qu'elles soient tendres. Égoutter et réduire en purée de façon à obtenir 2 tasses (500 ml) de purée. Mettre dans un bol et laisser refroidir.

■ Dans un autre bol, battre les oeufs. Incorporer la farine, la levure, le sel et le poivre. Incorporer en fouettant le beurre fondu et la crème. Incorporer graduellement la préparation liquide à la purée de pommes de terre refroidie. Bien éponger les crevettes et les incorporer avec l'aneth à la préparation aux pommes de terre.

■ Dans une grande poêle, faire fondre 1 c. à table (15 ml) du beurre doux à feu moyen. Y verser l'appareil à crêpes par grosses cuillerées à table (15 ml) à intervalles de 4 po (10 cm). Cuire pendant 3 à 4 minutes ou jusqu'à ce que de petites bulles apparaissent à la surface et que le dessous soit doré. Retourner les crêpes et cuire pendant 1 à 1 1/2 minute ou jusqu'à ce qu'elles soient dorées.

■ Mettre les crêpes dans un plat et les réserver au four préchauffé à 150°F (65°C). Faire cuire le reste des crêpes avec le reste du beurre doux. *(Les crêpes peuvent être couvertes et conservées au réfrigérateur pendant un jour. Pour les réchauffer, les mettre en une seule couche sur une plaque à pâtisserie et les faire chauffer au four à 400°F (200°C) pendant 4 à 5 minutes.)* Donne environ 60 crêpes.

Tartinade aux oeufs et au caviar avec toasts maison

Si vous ne pouvez vous procurer de caviar doré, remplacez-le par du caviar de lompe rouge. Présentez ce mets dans un bol en verre avec des toasts maison coupés en triangles et laissez vos invités se servir.

12	oeufs durs, hachés grossièrement	12
3/4 t	mayonnaise	175 ml
1/4 t	oignons verts hachés finement	60 ml
1 c. à thé	sel	5 ml
1/4 c. à thé	poivre	1 ml
1/4 c. à thé	moutarde sèche	1 ml
2	pots (1,75 oz/50 g chacun) de caviar de poisson blanc (caviar doré)	2
1 t	crème sure	250 ml
15	fines tranches de pain de mie	15
1/3 t	persil frais finement haché	75 ml

■ Dans un bol, mélanger les oeufs, la mayonnaise, les oignons verts, le sel, le poivre et la moutarde, en ajoutant un peu plus de mayonnaise si désiré. Verser dans un bol en verre et lisser la surface. Couvrir du caviar de poisson blanc, puis de la crème sure. *(La tartinade peut être couverte et réfrigérée pendant 24 heures.)*

■ Enlever les croûtes du pain et couper les tranches en triangles. Étendre sur des plaques à pâtisserie et faire griller au four préchauffé à 250°F (120°C) jusqu'à ce que les toasts soient croustillants et dorés.

■ Au moment de servir, parsemer du persil haché le pourtour de la tartinade. Servir avec les toasts. Donne 10 portions.

Ailes de poulet panées au parmesan

Ces ailes de poulet croustillantes, enrobées de parmesan, sont délicieuses à l'heure de l'apéro ou pour le lunch.

4 lb	ailes de poulet	2 kg
1/2 t	farine	125 ml
1/2 c. à thé	paprika	2 ml
1/4 c. à thé	sel et poivre (chacun)	1 ml
4	oeufs	4
2 t	parmesan frais râpé	500 ml
1/2 t	chapelure	125 ml
1 c. à thé	basilic et origan séchés (chacun)	5 ml

■ Enlever le bout des ailes et conserver pour préparer un bouillon. Séparer les ailes aux jointures.

■ Dans un plat peu profond, mélanger la farine, le paprika, le sel et le poivre. Dans un autre plat peu profond, battre les oeufs. Et dans un troisième plat peu profond, mélanger le parmesan, la chapelure, le basilic et l'origan. Rouler les ailes dans la farine, puis les tremper dans les oeufs, et enfin les enrober de la préparation au parmesan en pressant pour bien faire adhérer la panure. *(Les ailes peuvent être préparées jusqu'à cette étape, déposées sur une grille, couvertes et réfrigérées pendant 4 heures.)*

■ Disposer les ailes sur des plaques munies d'un rebord, graissées. Cuire au four préchauffé à 375°F (190°C) pendant 35 à 40 minutes, en les retournant une fois. Donne environ 60 amuse-gueule.

Soupe au melon

Cette soupe originale, préparée avec un seul cantaloup, fera une excellente entrée pour tous vos repas de réception, du plus simple au plus raffiné.

1	cantaloup	1
1	orange	1
1/2 t	crème à 35 %	125 ml
1 c. à thé	sucre	5 ml
	Une pincée de sel et de gingembre	

■ Couper le cantaloup en quatre. Retirer les graines et l'écorce. Couper la chair en petits morceaux. À l'aide du mélangeur ou du robot culinaire, réduire la chair en purée. Mettre dans un bol.

■ Râper le zeste de l'orange et le réserver pour la décoration. Presser le jus de l'orange et l'ajouter à la purée de cantaloup avec la crème, le sucre, le sel et le gingembre. Couvrir et réfrigérer pendant au moins 4 heures ou jusqu'à ce que la soupe soit bien froide. Parsemer du zeste d'orange. Donne 4 à 6 portions.

Moules marinées

La coriandre et le jus de lime donnent à ces moules marinées une saveur particulièrement délicieuse.

2 c. à tab	coriandre ou persil frais haché	30 ml
2 c. à tab	huile d'olive	30 ml
2 c. à thé	jus de lime	10 ml
1/4 c. à thé	poivre	1 ml
1/4 c. à thé	sauce au piment fort	1 ml
1 lb	moules (environ 24)	500 g
1 c. à tab	poivron rouge haché	15 ml

■ Dans un bol, mélanger la coriandre, l'huile, le jus de lime, le poivre et la sauce au piment fort. Rectifier l'assaisonnement si désiré.

■ Brosser les moules et retirer les barbes s'il y a lieu. Jeter les moules qui ne se referment pas lorsqu'on les frappe légèrement. Dans une grande casserole, faire cuire les moules à feu moyen, à couvert, dans 1/4 tasse (60 ml) d'eau pendant 4 minutes ou jusqu'à ce qu'elles s'ouvrent. Jeter celles qui s'ouvrent pas.

■ Retirer les moules de leur coquille en réservant la moitié des coquilles. Mettre les moules dans un bol peu profond. Verser la marinade sur les moules. Couvrir et laisser mariner au réfrigérateur pendant au plus 30 minutes. Disposer les coquilles sur un plat de service et mettre une moule dans chaque coquille. Garnir de poivron rouge. Donne 24 hors-d'oeuvre.

(dans le grand plat) Moules marinées; Rondelles de concombre aux crevettes et à la ciboulette (p. 12); Roulades de poivron grillé au fromage (p. 13); Tomates cerises farcies (p. 13); Mini-brochettes de porc et sauce aux prunes (p. 14); (dans le petit plat) Pommes de terre au saumon fumé (p. 12); Feuilles d'endives farcies aux crevettes (p. 14). ▶

Pommes de terre au saumon fumé

Ce plat est toujours apprécié lors d'un buffet. Vous pouvez remplacer le saumon par de la truite fumée.

24	petites pommes de terre nouvelles rouges (environ 1 1/2 lb/750 g), non pelées	24
1/4 t	fromage à la crème	60 ml
1/4 t	crème sure	60 ml
4 c. à thé	aneth frais haché	20 ml
	Une pincée de sel et de poivre	
1 1/2 oz	saumon fumé, coupé en fines lanières	45 g
24	brins d'aneth ou câpres	24

■ Dans une casserole d'eau bouillante, cuire les pommes de terre pendant 16 à 20 minutes. Laisser refroidir. Retirer une petite cuillerée de pulpe au centre des pommes de terre.

■ Dans un bol, mélanger le fromage à la crème, la crème sure, l'aneth, le sel et le poivre. Farcir chaque pomme de terre d'environ 1 c. à thé (5 ml) de la préparation au fromage. Couvrir et réfrigérer pendant au moins 1 heure et au plus 8 heures. Au moment de servir, garnir chaque pomme de terre d'une lanière de saumon et d'un brin d'aneth. Donne 24 hors-d'oeuvre.

Rondelles de concombre aux crevettes et à la ciboulette

Apportez une touche décorative supplémentaire en garnissant ces hors-d'oeuvre d'une fleur de ciboulette tel qu'illustré sur la photo (p. 11).

1	concombre sans pépins	1
1/2 c. à thé	sel	2 ml
1	paquet (5 oz/142 g) de fromage à la crème aux fines herbes, ramolli	1
24	petites crevettes cuites	24
	Ciboulette	

■ Inciser la pelure du concombre en faisant glisser les dents d'une fourchette de haut en bas. Couper en tranches de 1/4 po (5 mm) d'épaisseur. Retirer une petite quantité de pulpe au centre de chaque tranche. Saupoudrer les tranches de sel et laisser égoutter sur du papier absorbant pendant 1 heure. Bien éponger.

■ À l'aide d'une poche à pâtisserie munie d'une douille étoilée, ou avec une petite cuillère, garnir chaque tranche de concombre d'environ 1 c. à thé (5 ml) de fromage à la crème. Décorer d'une crevette et de ciboulette. Donne 24 hors-d'oeuvre.

Roulades de poivron grillé au fromage

Essayez ces bouchées aux couleurs et aux saveurs contrastées.

2	poivrons rouges	2
1 c. à tab	huile d'olive	15 ml
1/2 c. à thé	poivre noir concassé	2 ml
3 oz	fromage mozzarella ou Asiago, coupé en dés de 1/2 po (1 cm)	90 g

■ Faire griller les poivrons à 4 à 6 po (10 à 15 cm) de la source de chaleur, en les retournant souvent, pendant 15 à 20 minutes ou jusqu'à ce qu'ils soient carbonisés. Laisser refroidir légèrement. Peler et épépiner. Couper en lanières de 1/2 po (1 cm) de largeur et mélanger dans un bol avec l'huile et le poivre.

■ Enrouler une lanière de poivron autour de chaque dé de fromage et fixer avec un cure-dent. Servir aussitôt. *(Les bouchées peuvent être couvertes et réfrigérées pendant au plus 8 heures. Amener à la température de la pièce avant de servir.)* Donne 24 bouchées.

Tomates cerises farcies

Avec une poche à pâtisserie, vous pourrez farcir ces petites tomates comme un chef. Mais même sans cet accessoire, vous pourrez facilement réaliser ces bouchées avec une petite cuillère à café.

3/4 t	ricotta ou fromage à la crème	175 ml
1/3 t	basilic ou persil frais haché	75 ml
4 c. à thé	huile d'olive	20 ml
1	gousse d'ail, hachée fin	1
1/4 c. à thé	sel	1 ml
	Une pincée de poivre	
24	tomates cerises	24

■ Dans un bol, battre le fromage à la main jusqu'à ce qu'il soit crémeux. Incorporer le basilic, l'huile, l'ail, le sel et le poivre. Verser à la cuillère dans une poche à pâtisserie munie d'une douille étoilée de 1/2 po (1 cm).

■ À l'aide d'un couteau bien affilé, entailler en forme de × la base de chaque tomate. Retirer les pépins. Farcir de la préparation au fromage. *(Les tomates farcies peuvent être couvertes et réfrigérées pendant au plus 8 heures.)* Donne 24 hors-d'oeuvre.

Mini-brochettes de porc et sauce aux prunes

Si vous utilisez des brochettes de bois, n'oubliez pas de les faire tremper pendant 30 minutes avant d'y enfiler le porc. Ce dernier sera plus facile à trancher s'il est partiellement congelé.

2 lb	longe de porc maigre, sans os	1 kg
2/3 t	sauce aux prunes	150 ml
2 c. à tab	sauce soya	30 ml
1 c. à tab	huile végétale	15 ml
1/4 c. à thé	gingembre	1 ml
1/4 c. à thé	moutarde sèche	1 ml

■ Parer le porc. Le couper dans le sens de la longueur en tranches de 1/4 po (5 mm) d'épaisseur. Couper en lanières de 1 po (2,5 cm). Enfiler les lanières sur des brochettes et mettre dans un plat.

■ Mélanger 1/3 tasse (75 ml) de la sauce aux prunes avec la sauce soya, l'huile, le gingembre et la moutarde. En badigeonner généreusement les brochettes de porc. Couvrir et réfrigérer pendant 1 heure.

■ Faire griller les brochettes sur une grille huilée au-dessus d'une braise d'intensité moyenne-vive, ou à puissance moyenne sur le barbecue au gaz, pendant 8 à 12 minutes, en les retournant à mi-cuisson et en les badigeonnant de temps à autre du reste de la sauce, ou jusqu'à ce que le porc ait perdu sa teinte rosée à l'intérieur. Badigeonner du reste de la sauce aux prunes avant de servir. Donne 24 hors-d'oeuvre.

Feuilles d'endives farcies aux crevettes

Si vous ne pouvez vous procurer d'endives, préparez ces hors-d'oeuvre avec les petites feuilles de coeurs de laitue romaine ou avec les feuilles de deux laitues radicchio.

1/4 t	mayonnaise	60 ml
2 c. à tab	crème sure	30 ml
24	feuilles d'endives (environ 2 endives)	24
24	crevettes cuites	24
	Brins d'aneth	

■ Dans un petit bol, mélanger la mayonnaise et la crème sure. Farcir chaque feuille d'endive d'environ 1/2 c. à thé (2 ml) de la préparation. Garnir chaque amuse-gueule d'une crevette et d'un brin d'aneth. Donne 24 hors-d'oeuvre.

Soupe amandine aux haricots verts

Les haricots verts et les amandes donnent à ce potage froid une saveur inégalable. Pour un potage bien lisse et crémeux, utilisez le mélangeur pour réduire la soupe en purée.

1 lb	haricots verts, parés	500 g
2 c. à tab	beurre	30 ml
1/2 t	amandes en poudre	125 ml
4 t	bouillon de poulet	1 L
1	oignon, haché	1
2	gousses d'ail, hachées fin	2
2 c. à thé	marjolaine et romarin frais hachés finement (chacun) (ou 1/2 c. à thé/2 ml des mêmes herbes séchées)	10 ml
	Sel et poivre blanc	
1/2 t	crème à 35 %	125 ml
	Amandes tranchées	

■ Couper les haricots en morceaux de 1 1/2 po (4 cm) pour obtenir 3 tasses (750 ml) de légumes.

■ Dans une grande casserole, faire fondre le beurre à feu moyen. Y cuire les amandes moulues en remuant pendant 3 minutes ou jusqu'à ce qu'elles soient dorées. Ajouter les haricots, 2 tasses (500 ml) du bouillon, l'oignon, l'ail, la marjolaine, le romarin, du sel et du poivre. Amener à ébullition. Réduire le feu et laisser mijoter à couvert pendant 8 à 10 minutes ou jusqu'à ce que les haricots soient tendres.

■ À l'aide du mélangeur ou du robot culinaire, réduire la soupe en purée par petites quantités. Mettre dans un bol. Incorporer le reste du bouillon et la crème. Couvrir et faire refroidir au réfrigérateur pendant au moins 4 heures ou toute une nuit.

■ Au moment de servir, rectifier l'assaisonnement si désiré. Servir dans des bols refroidis et garnir d'amandes tranchées. Donne 4 à 6 portions.

Soupe au brocoli

Cette soupe froide, rehaussée de carotte, d'oignon et d'ail, est également délicieuse servie chaude.

3 c. à tab	beurre	45 ml
1	oignon, tranché	1
1	carotte, tranchée	1
1	gousse d'ail, hachée fin	1
4 t	bouillon de poulet	1 L
1 lb	brocoli, haché	500 g
1 t	crème à 10 %	250 ml
	Sel et poivre	
	Persil frais haché	

■ Dans une casserole, faire fondre le beurre à feu moyen. Y cuire l'oignon, la carotte et l'ail pendant 5 minutes. Ajouter le bouillon et amener à ébullition. Ajouter le brocoli. Réduire le feu et laisser mijoter à couvert pendant 15 à 20 minutes.

■ À l'aide du mélangeur ou du robot culinaire, réduire la soupe en purée par petites quantités. Mettre dans un bol de verre. Incorporer la crème. Saler et poivrer. Couvrir et faire refroidir au réfrigérateur pendant au moins 4 heures. Parsemer du persil haché juste avant de servir. Donne 6 portions.

Boulettes de viande à l'orientale

Ces petites boulettes servies avec une sauce aigre-douce rallieront tous les goûts.

1/2 lb	porc maigre haché	250 g
2	oignons verts (parties blanche et verte), hachés finement	2
1	gousse d'ail, hachée finement	1
2 c. à tab	sauce hoisin	30 ml
1 c. à thé	fécule de maïs	5 ml
1 c. à thé	vin de riz ou xérès	5 ml
1/2 c. à thé	sel	2 ml
	Graines de sésame (facultatif)	
	SAUCE	
1/4 t	chutney à la mangue crémeux	60 ml
1 c. à thé	sauce hoisin	5 ml

■ **Sauce:** Dans un petit bol, mélanger le chutney et la sauce hoisin jusqu'à consistance homogène.

■ Dans un bol, mélanger le porc avec les autres ingrédients, sauf les graines de sésame. Façonner en boulettes de 1 po (2,5 cm) et enfiler sur des cure-dents de bois. Parsemer de graines de sésame.

■ Disposer les boulettes en cercle sur une grille allant au micro-ondes et cuire à puissance maximale pendant 4 à 5 minutes ou jusqu'à ce que la viande ait perdu sa teinte rosée à l'intérieur. *(Les boulettes peuvent être réfrigérées pendant 24 heures ou congelées pendant 2 semaines.)* Servir avec la sauce en trempette. Donne 20 hors-d'oeuvre.

(de gauche à droite) Feuilles d'endives farcies au homard; Boulettes de viande à l'orientale; brochettes de poulet et de légumes; Petits toasts au thon et au fromage. ▲

Petits toasts au thon et au fromage

Ces petites bouchées sont aussi savoureuses préparées avec des toasts maison qu'avec des toasts miniatures vendus dans le commerce.

1	boîte (6,5 oz/184 g) de thon, égoutté	1
1/3 t	mayonnaise	75 ml
1/4 c. à thé	jus de citron	1 ml
	Poivre	
1	paquet (36) de petits toasts de 1 1/2 po (4 cm), ou toasts maison*	1
1/4 lb	fromage suisse ou cheddar, tranché	125 g
2 c. à tab	oignon vert haché, poivron vert ou olives vertes en lamelles	30 ml

■ Dans un bol, mélanger le thon, la mayonnaise, le jus de citron et du poivre. Étendre uniformément sur les toasts. Couvrir des tranches de fromage et parsemer d'oignon vert haché.

■ Disposer en cercle la moitié des toasts sur un plat allant au micro-ondes. Cuire au micro-ondes à puissance maximale pendant 30 à 60 secondes ou jusqu'à ce que le fromage commence à fondre. Procéder de même avec le reste des toasts. Donne 36 hors-d'oeuvre. *Enlever la croûte de 9 tranches de pain de mie. Couper chaque tranche en 4 carrés. Disposer la moitié des carrés sur un plat allant au micro-ondes et cuire à puissance maximale pendant 3 à 4 minutes ou jusqu'à ce qu'ils soient secs et croustillants. Faire de même avec le reste du pain.

Feuilles d'endives farcies au homard

Ces hors-d'oeuvre au goût délicat plairont à tous vos invités.

2	oeufs durs	2
3 c. à tab	mayonnaise	45 ml
1	boîte (2,5 oz/71 g) de homard, égoutté	1
1/2 c. à thé	jus de citron	2 ml
	Une pincée de cayenne	
3	endives	3
	DÉCORATION	
	Caviar de lompe noir ou rouge	

■ Hacher finement les jaunes d'oeufs et réserver les blancs. Mélanger les jaunes avec 2 c. à thé (10 ml) de la mayonnaise et réserver. À l'aide du mélangeur ou du robot culinaire, mélanger les blancs d'oeufs, le homard, le jus de citron, le cayenne et le reste de la mayonnaise jusqu'à consistance homogène. *(La recette peut être préparée jusqu'à cette étape. Couvrir et réfrigérer pendant au plus 24 heures.)*

■ Séparer les feuilles des endives. Farcir chaque feuille à la base de 1 c. à thé (5 ml) de la préparation au homard. Garnir de 1/2 c. à thé (2 ml) de la préparation aux jaunes d'oeufs. Décorer d'un soupçon de caviar de lompe. Donne 30 hors-d'oeuvre.

Couronne d'épinards au fromage feta

Inscrivez ce plat savoureux et attrayant au menu de votre prochain brunch. Garnissez le plat de quartiers de tomate et de feuilles d'épinards et accompagnez de triangles de pain pita grillé.

6 t	épinards parés	1,5 L
1 c. à tab	beurre	15 ml
1	petit oignon, haché finement	1
3/4 t	lait	175 ml
1/2 t	fromage feta émietté	125 ml
1/2 t	miettes de pain frais	125 ml
2 c. à tab	aneth frais haché	30 ml
2 c. à thé	zeste de citron râpé	10 ml
1/4 c. à thé	poivre	1 ml
3	oeufs, légèrement battus	3
	Quartiers de citron	

■ **Méthode au micro-ondes:** Laver les épinards et les secouer pour en retirer l'excès d'eau. Mettre les épinards, sans eau additionnelle, dans une casserole d'une capacité de 12 tasses (3 L) allant au micro-ondes. Couvrir et cuire à puissance maximale pendant 3 minutes ou jusqu'à ce qu'ils soient ramollis, en remuant une fois. Égoutter et tapisser un moule en couronne d'une capacité de 4 tasses (1 L), allant au micro-ondes, graissé, avec 8 à 10 grandes feuilles d'épinards. Presser le reste des épinards pour en retirer l'excès d'humidité. Hacher et réserver.

■ Dans un bol d'une capacité de 8 tasses (2 L) allant au micro-ondes, mélanger le beurre et l'oignon. Cuire à puissance maximale pendant 2 minutes ou jusqu'à ce que l'oignon soit ramolli, en remuant une fois. Incorporer le lait, le fromage, le pain, l'aneth, le zeste de citron, le poivre, les oeufs et les épinards hachés.

■ Verser avec une cuillère dans le moule. Cuire, à découvert, à puissance moyenne (50 %) pendant 10 minutes, en tournant le moule deux fois, ou jusqu'à ce que la préparation soit légèrement ferme au toucher et qu'un couteau inséré à 1/2 po (1 cm) du centre en ressorte propre. Laisser reposer pendant 5 minutes. Retourner dans un plat de service et servir avec des quartiers de citron.

■ **Méthode traditionnelle:** Laver les épinards et les secouer pour en retirer l'excès d'eau. Mettre les épinards, sans eau additionnelle, dans une casserole et cuire à découvert pendant 3 à 5 minutes ou jusqu'à ce qu'ils soient ramollis. Égoutter. Tapisser un moule en couronne graissé d'une capacité de 4 tasses (1 L) avec 8 à 10 grandes feuilles d'épinards. Réserver. Presser le reste des épinards pour en retirer l'excès d'humidité. Hacher et mettre dans un bol.

■ Dans une poêle, faire chauffer le beurre à feu moyen et y cuire l'oignon pendant 3 minutes ou jusqu'à ce qu'il soit ramolli. Incorporer aux épinards avec le lait, le fromage, le pain, l'aneth, le zeste de citron, le poivre et les oeufs.

■ Verser la préparation dans le moule et cuire au four préchauffé à 350°F (180°C) pendant 25 à 30 minutes ou jusqu'à ce qu'elle soit ferme. Démouler dans un plat de service et accompagner de quartiers de citron. Donne 4 portions.

Poulet à la moutarde

Accompagnez ce plat de poulet cuit au four de petites carottes et d'asperges au beurre relevées d'aneth frais haché. Garnir le plat de feuilles de laitue.

2 1/2 lb	morceaux de poulet	1,25 kg
1/3 t	moutarde de Dijon	75 ml
1 c. à tab	confiture d'abricots	15 ml
1/2 t	vin blanc ou bouillon de poulet	125 ml
3/4 t	crème à 35%	175 ml
	Sel et poivre	
2 c. à tab	persil frais haché	30 ml
	Tranches de citron	

■ Dans un plat de cuisson de 13 × 9 po (3,5 L) allant sur le feu, légèrement graissé, disposer les morceaux de poulet, la peau en dessous, en une seule couche. Mélanger la moutarde et la confiture. Badigeonner les morceaux de poulet de la moitié de la préparation à la moutarde.

■ Cuire au four préchauffé à 375°F (190°C) pendant 20 minutes. Retourner les morceaux de poulet et les badigeonner du reste de la moutarde. Poursuivre la cuisson pendant 20 minutes ou jusqu'à ce que le poulet soit doré et que le jus qui s'en écoule lorsqu'on le pique avec une fourchette soit clair. Mettre dans un plat de service et réserver au chaud.

■ Jeter le gras du plat de cuisson. Ajouter le vin. Amener à ébullition à feu moyen-vif en raclant le fond du plat pour en détacher les particules de viande. Verser dans une petite casserole et cuire pendant 5 minutes ou jusqu'à ce que le liquide soit réduit de moitié. Ajouter la crème et cuire, en remuant, pendant 4 à 5 minutes ou jusqu'à ce que la sauce nappe le dos d'une cuillère. Saler et poivrer. Verser sur le poulet et parsemer du persil haché. Garnir de tranches de citron. Donne 4 à 5 portions.

DES PLATS DE POULET ATTRAYANTS

Aimé de tous, le poulet est idéal pour une réception parce qu'il est économique et versatile. On peut l'apprêter et le cuire de multiples façons et sa saveur délicate s'harmonise avec une grande variété d'assaisonnements.

• Une présentation soignée nécessite toujours une certaine préparation. Des garnitures et des légumes colorés font un bel effet et ajoutent une touche toute spéciale aux plats. Vous trouverez dans ce chapitre de délicieuses recettes de poulet.

Poulet con queso

La prochaine fois que vous préparerez du poulet et du riz, faites-en cuire une plus grande quantité, que vous pourrez utiliser pour cuisiner ce plat à l'avance et le congeler.

1/4 t	beurre	60 ml
1	oignon, haché	1
1/4 t	farine	60 ml
3 t	lait chaud	750 ml
3 t	fromage cheddar ou Monterey Jack râpé	750 ml
1/4 t	persil frais haché	60 ml
1/4 t	coriandre fraîche hachée	60 ml
2 c. à tab	pâte de tomates	30 ml
1 c. à thé	assaisonnement au chili	5 ml
1/2 c. à thé	origan séché	2 ml
1	boîte (4 oz/113 g) de chilis verts, égouttés et hachés	1
3	oignons verts, hachés	3
	Sel et poivre	
2 t	riz cuit	500 ml
2 t	poulet cuit coupé en dés	500 ml
1 t	croustilles de maïs broyées grossièrement	250 ml

■ Dans une grande casserole, faire fondre le beurre à feu moyen. Y cuire l'oignon et l'ail, en remuant, pendant 3 minutes ou jusqu'à ce qu'ils soient ramollis. Ajouter la farine et cuire, en remuant, pendant 5 minutes. Incorporer le lait en fouettant. Cuire, en remuant souvent, jusqu'à ce que la sauce épaississe, pendant environ 10 minutes. Retirer du feu.

■ Ajouter 2 tasses (500 ml) du fromage et bien remuer. Incorporer le persil, la coriandre, la pâte de tomates, l'assaisonnement au chili, l'origan, les chilis et les oignons verts, du sel et du poivre.

■ Étendre la moitié de la sauce dans une casserole carrée de 8 po (2 L) et peu profonde. Couvrir du riz, puis du poulet. Recouvrir du reste de la sauce. *(Le poulet peut être préparé jusqu'à cette étape, couvert et réfrigéré pendant 2 jours, ou congelé pendant 3 mois. Faire dégeler avant de poursuivre la recette.)*

■ Cuire, à couvert, au four préchauffé à 400°F (200°C) pendant 30 minutes. Poursuivre la cuisson à 375°F (190°C) pendant 10 minutes. Parsemer des croustilles et du reste du fromage. Remettre au four pendant 15 minutes ou jusqu'à ce que le dessus soit doré. (Ou cuire au micro-ondes à puissance moyenne-maximale (70%) pendant 15 à 20 minutes en tournant la casserole une fois. Parsemer des croustilles et du fromage. Laisser reposer à couvert pendant 10 minutes.) Donne 6 portions.

Linguine aux pétoncles et sauce crémeuse au cari

Si votre budget n'est pas trop serré, augmentez la quantité de pétoncles à 1 1/2 livre (750 g).
Mais, pour un repas plus économique, vous pouvez aussi préparez ce plat de pâtes avec des
moules. Servez un pâté à la saveur douce en entrée et des fruits frais pour dessert.

1/4 t	beurre	60 ml
2	gousses d'ail, hachées fin	2
2 c. à thé	racine de gingembre hachée fin	10 ml
1 c. à tab	cari	15 ml
1 t	crème à 35 %	250 ml
1 lb	pétoncles	500 g
1	poivron rouge, pelé, épépiné et coupé en dés	1
1/2 t	vin blanc sec ou bouillon de poulet	125 ml
1 lb	linguine	500 g
1/4 t	oignons verts hachés	60 ml
	Sel et poivre	

■ Dans une poêle, faire fondre la moitié du beurre à feu moyen. Y cuire l'ail et le gingembre pendant 2 minutes ou jusqu'à ce qu'ils soient odorants et tendres, mais non dorés.

■ Ajouter le cari et cuire pendant 1 minute en remuant constamment. Verser la crème et augmenter le feu à moyen-vif. Amener à ébullition et cuire jusqu'à ce qu'il ne reste plus qu'environ 3/4 tasse (175 ml) de sauce.

■ Entre temps, couper les pétoncles en rondelles de 1/4 po (5 mm) d'épaisseur. Réserver. Dans une autre poêle, faire fondre le reste du beurre à feu moyen-vif. Y cuire le poivron, en remuant de temps à autre, pendant 2 minutes ou jusqu'à ce qu'il soit légèrement ramolli. Verser le vin et amener à ébullition. Réduire le feu à doux et ajouter les pétoncles. Couvrir et laisser mijoter pendant 2 à 3 minutes ou jusqu'à ce que les pétoncles soient opaques.

■ Avec une écumoire, retirer les pétoncles et le poivron de la poêle, et réserver. Augmenter le feu à moyen-vif et faire bouillir le liquide pendant 2 minutes ou jusqu'à ce qu'il soit réduit à 1/4 tasse (60 ml). Incorporer à la sauce à la crème avec les pétoncles et le poivron.

■ Entre temps, dans une grande casserole d'eau bouillante salée, faire cuire les pâtes jusqu'à ce qu'elles soient tendres mais encore fermes. Bien égoutter. Mélanger avec la sauce aux pétoncles et les oignons verts. Saler et poivrer. Donne 6 portions.

Crevettes et poisson à la créole

Ce plat délicieusement épicé est idéal lorsqu'on prévoit recevoir des amis à dîner, car il peut être préparé à l'avance. La recette peut être doublée et convient parfaitement à une grande tablée ou à un buffet.

1 c. à tab	beurre	15 ml
1/2 t	oignon haché	125 ml
1/2 t	poivron vert haché	125 ml
1/4 t	céleri haché	60 ml
1	gousse d'ail, hachée fin	1
1	boîte (19 oz/540 ml) de tomates (non égouttées)	1
1	feuille de laurier	1
1/2 c. à thé	basilic séché et sel (chacun)	2 ml
1/4 c. à thé	thym séché	1 ml
	Une pincée de flocons de piment fort et de poivre	
1/2 lb	crevettes, décortiquées et parées	250 g
1/2 lb	aiglefin, coupé en cubes de 2 po (5 cm)	250 g
1/2 t	riz à grain long, cuit	125 ml
1	oignon vert, tranché	1

■ Dans une grande casserole, faire fondre le beurre à feu moyen. Y cuire l'oignon, le poivron, le céleri et l'ail pendant 5 minutes.

■ Incorporer les tomates, la feuille de laurier, le basilic, le sel, le thym, les flocons de piment fort et le poivre, en défaisant les tomates avec une cuillère. Amener à ébullition. Réduire le feu et laisser mijoter, en remuant de temps à autre, pendant 7 minutes ou jusqu'à ce que la sauce ait légèrement épaissi. Retirer la feuille de laurier.

■ Entre temps, dans une casserole, amener à ébullition de l'eau légèrement salée. Ajouter les crevettes, couvrir et retirer du feu. Laisser reposer pendant 2 minutes. Retirer les crevettes de l'eau avec une écumoire et réserver. Amener de nouveau l'eau à ébullition et y ajouter les morceaux d'aiglefin. Procéder comme avec les crevettes.

■ Mélanger le riz cuit et l'oignon vert. Dans une cocotte d'une capacité de 6 tasses (1,5 L), graissée, étendre, en couches successives, la moitié du riz, la moitié des crevettes, la moitié du poisson et la moitié de la sauce. Répéter ces opérations dans le même ordre. *(La recette peut être préparée jusqu'à cette étape. Laisser refroidir, couvrir et réfrigérer pendant au plus 24 heures.)* Cuire, à couvert, au four préchauffé à 325°F (160°C) pendant 45 à 50 minutes. Donne 4 portions.

Côtelettes d'agneau au romarin

Accompagnez ces succulentes côtelettes d'agneau au romarin et au citron de pommes de terre nouvelles et de pois mange-tout bouillis. Cette recette peut facilement être doublée.

2 c. à tab	huile d'olive	30 ml
2 c. à thé	zeste de citron râpé	10 ml
4 c. à thé	jus de citron	20 ml
2	gousses d'ail, hachées fin	2
2 c. à thé	romarin frais haché (ou 1/2 c. à thé/2 ml de romarin séché)	10 ml
4	côtelettes d'agneau dans la longe (environ 1 lb/500 g)	4
	Sel et poivre	
	Tiges de romarin frais	

■ Mélanger l'huile, le zeste et le jus de citron, l'ail et le romarin haché. Mettre les côtelettes dans un plat peu profond et verser la marinade dessus. Couvrir et réfrigérer pendant au plus 2 heures en retournant les côtelettes de temps à autre. Retirer du réfrigérateur 30 minutes avant de faire cuire. Retirer les côtelettes de la marinade.

■ Faire griller les côtelettes à 4 po (10 cm) de la source de chaleur pendant 5 à 6 minutes sur chaque côté ou jusqu'à ce qu'elles soient encore rosées à l'intérieur. (Ou faire cuire dans une poêle légèrement graissée, à feu moyen, pendant 10 minutes sur chaque côté.) Saler et poivrer. Garnir de tiges de romarin. Donne 2 portions.

Escalopes de veau farcies et sauce aux champignons

Tous vos invités se délecteront de ces escalopes de veau, garnies d'une savoureuse farce au porc et nappées d'une sauce veloutée aux champignons.

1/3 lb	porc haché	175 g
1/4 t	oignon finement haché	60 ml
1	gousse d'ail, finement hachée	1
1/4 t	céleri finement haché	60 ml
1/2 c. à thé	sauge séchée	2 ml
1/4 c. à thé	poivre	1 ml
	Une pincée de clou de girofle	
3/4 t	miettes de pain de blé entier frais	175 ml
3 c. à tab	bouillon de boeuf ou eau	45 ml
4	fines escalopes de veau (environ 1/2 lb/250 g)	4
	farine	

SAUCE AUX CHAMPIGNONS

1 c. à tab	huile végétale	15 ml
1	gousse d'ail, coupée en deux	1
1/2 lb	champignons, émincés	250 g
1 t	bouillon de boeuf	250 ml
1/4 t	vin rouge sec	60 ml
1/4 c. à thé	poivre	1 ml
	Une pincée de sauge séchée	
1 c. à tab	farine	15 ml
1 c. à tab	beurre, ramolli	15 ml
2 c. à tab	crème à 35 % (facultatif)	30 ml

■ Dans une poêle, mettre le porc haché, l'oignon, l'ail, le céleri, la sauge, le poivre et le clou de girofle. Cuire à feu moyen, en défaisant la viande avec une cuillère, pendant 5 minutes ou jusqu'à ce que le porc ait perdu sa teinte rosée. Jeter l'excès de gras si nécessaire. Incorporer le pain et le bouillon. Retirer du feu et laisser reposer pendant 5 minutes.

■ Étendre uniformément la farce sur les escalopes en laissant une bordure de 1/2 po (1 cm) à la plus petite extrémité de chaque escalope. Rouler les escalopes à partir de l'extrémité la plus large. Fixer avec des cure-dents ou de la ficelle. Saupoudrer légèrement les rouleaux de farine.

■ **Sauce aux champignons:** Dans une poêle, faire chauffer l'huile à feu moyen-vif. Y cuire l'ail, en remuant, pendant 1 minute, puis le jeter. Ajouter les rouleaux de veau et les faire cuire pendant 7 minutes ou jusqu'à ce qu'ils soient dorés sur tous les côtés. Mettre dans un plat carré de 8 po (2 L) allant au four. Retirer les cure-dents et réserver.

■ Mettre les champignons dans la poêle. Cuire à feu moyen-vif pendant 3 à 4 minutes ou jusqu'à ce qu'ils soient ramollis. Incorporer le bouillon, le vin, le poivre et la sauge, et amener à ébullition. Cuire à feu moyen-vif pendant 4 minutes ou jusqu'à ce que la sauce soit légèrement réduite. Mélanger la farine et le beurre de façon à obtenir une pâte homogène, et incorporer à la sauce aux champignons. Cuire, en remuant, pendant 1 à 2 minutes, jusqu'à ce que la sauce soit épaisse.

■ Verser la sauce sur les rouleaux de veau. Couvrir et cuire au four préchauffé à 350°F (180°C) pendant 35 à 45 minutes ou jusqu'à ce que les rouleaux soient tendres et bien chauds. *(Les escalopes farcies peuvent être préparées jusqu'à cette étape, couvertes et réfrigérées pendant 24 heures. Faire réchauffer au four à 350°F (180°C) pendant 30 minutes.)*

■ Retirer les escalopes farcies du plat de cuisson à l'aide d'une écumoire et les mettre dans un plat de service. Si désiré, incorporer la crème à la sauce et verser sur le veau. Donne 4 portions.

Sauté de poulet et nouilles de riz

Les nouilles de riz ont uniquement besoin d'être mises à tremper avant d'être utilisées.

1/4 lb	nouilles de riz	125 g
2 c. à thé	huile végétale	10 ml
2	gousses d'ail, hachées fin	2
1 c. à tab	racine de gingembre hachée fin	15 ml
3	oignons verts, hachés	3
1 lb	poitrines de poulet désossées, sans la peau, coupées en morceaux de 1 po (2,5 cm)	500 g
1	poivron rouge, coupé en morceaux de 1 po (2,5 cm)	1
4	carottes, émincées en diagonale	4
6 t	morceaux de brocoli	1,5 L
1 1/2 t	bouillon de poulet	375 ml
1/4 lb	pois mange-tout, parés	125 g
	Sel et poivre	
	SAUCE	
2 c. à tab	fécule de maïs	30 ml
2 c. à tab	sauce soya	30 ml
2 c. à tab	sauce hoisin	30 ml
2 c. à thé	huile de sésame	10 ml
1/4 c. à thé	pâte de chili ou sauce au piment fort (facultatif)	1 ml

■ Casser les nouilles et les mettre dans un bol. Couvrir d'eau bouillante et laisser reposer pendant 5 à 10 minutes ou jusqu'à ce qu'elles soient ramollies. Bien égoutter.

■ Entre temps, dans un wok ou une grande poêle épaisse à revêtement anti-adhésif, faire chauffer l'huile à feu moyen-vif. Y faire sauter l'ail, le gingembre et les oignons verts pendant 30 secondes, jusqu'à ce qu'ils soient odorants. Ajouter le poulet et faire sauter pendant 2 minutes. Incorporer le poivron, les carottes et le brocoli. Verser le bouillon. Couvrir et cuire pendant 3 à 4 minutes ou jusqu'à ce que les légumes soient tendres-croquants.

■ **Sauce:** Mélanger la fécule, la sauce soya, la sauce hoisin, l'huile de sésame et, si désiré, la pâte de chili.

■ Incorporer les pois mange-tout et les nouilles à la préparation dans le wok. Amener à ébullition. Ajouter la sauce en remuant et cuire pendant 1 minute ou jusqu'à ce que la sauce soit épaisse et luisante. Saler et poivrer, et assaisonner d'un peu plus de pâte de chili si désiré. Donne 4 portions.

Paella

La paella est un mets qui s'adapte à toutes les bourses: on peut aussi bien l'apprêter avec du poulet et des saucisses, pour un repas sans façon, qu'avec des crustacés, pour un repas de fête. Vous pouvez remplacer les tomates fraîches par deux boîtes (28 oz/796 ml chacune) de tomates prunes, égouttées, épépinées et hachées.

1	poulet (environ 3 lb/1,5 kg)	1
1/2 t	farine	125 ml
	Sel et poivre	
3 c. à tab	huile d'olive	45 ml
1	oignon, haché grossièrement	1
2	gousses d'ail, hachées finement	2
3	grosses tomates, pelées, épépinées et coupées en dés	3
2	poivrons rouges, coupés en gros morceaux	2
1 1/2 t	riz à grain long ou court	375 ml
1/2 c. à thé	brins de safran (ou 1/4 c. à thé/ 1 ml de poudre de safran)	2 ml
3 t	bouillon de poulet chaud	750 ml
1/2 lb	crevettes, décortiquées et parées	250 g
1/2 lb	pétoncles	250 g
1/2 lb	moules, nettoyées	250 g
3 c. à tab	ciboulette ou oignon vert haché	45 ml

■ Couper le poulet en 10 morceaux. Saupoudrer de farine. Saler et poivrer.

■ Dans une grande poêle profonde ou un faitout, faire chauffer l'huile à feu moyen-vif. Y cuire le poulet, quelques morceaux à la fois, pendant 5 à 10 minutes ou jusqu'à ce qu'il soit doré. Retirer de la poêle et réserver.

■ Jeter le gras de la poêle sauf 3 c. à table (45 ml). Y cuire l'oignon et l'ail à feu moyen-vif pendant 3 minutes ou jusqu'à ce qu'ils soient tendres. Ajouter les tomates et les poivrons, et cuire pendant 5 minutes ou jusqu'à ce qu'ils soient ramollis. Ajouter le riz et remuer pour enrober.

■ Dissoudre le safran dans le bouillon et verser dans la poêle. Amener à ébullition. Réduire le feu à doux. Remettre le poulet dans la poêle. Couvrir et laisser cuire doucement pendant 40 minutes.

■ Disposer les crevettes, les pétoncles et les moules dans le riz. Couvrir et poursuivre la cuisson pendant 10 à 15 minutes ou jusqu'à ce que le riz soit tendre, que les moules soient ouvertes (jeter celles qui sont restées fermées), que les pétoncles soient opaques, que les crevettes soient roses et que le poulet ait perdu sa teinte rosée à l'intérieur. Saler et poivrer. Parsemer de ciboulette. Donne 6 à 8 portions.

Sauté de porc et sauce au poivron rouge

Ce plat est apprêté avec du filet de porc. Vous pouvez cependant le préparer avec une coupe de viande moins coûteuse. Utilisez des côtelettes de porc sans os, dans la longe, de 1 po (2,5 cm) d'épaisseur; enlevez le gras et coupez en diagonale en tranches de 1/4 po (5 mm) d'épaisseur. Vous pouvez aussi mélanger la sauce au poivron rouge avec des pâtes.

1 lb	filet de porc	500 g
3 c. à tab	farine	45 ml
3 c. à tab	huile végétale	45 ml
1	gros poivron rouge, tranché	1
1	gousse d'ail, hachée fin	1
1 1/2 c. à thé	basilic frais haché (ou 1/2 c. à thé/2 ml de basilic séché)	7 ml
1 t	fromage ricotta à faible teneur en matières grasses	250 ml
1 c. à tab	moutarde de Dijon	15 ml
1 t	bouillon de poulet	250 ml

■ Couper le porc en diagonale en tranches de 1/4 po (5 mm) d'épaisseur. Enrober de farine et secouer pour en retirer l'excès.

■ Dans une grande poêle, faire chauffer 1 c. à table (15 ml) de l'huile à feu moyen. Y cuire le poivron, l'ail et le basilic pendant 3 minutes. Avec une écumoire, mettre les ingrédients dans le récipient du mélangeur ou du robot culinaire et réduire en purée. Ajouter le fromage et la moutarde, et actionner l'appareil pour bien mélanger.

■ Mettre une autre cuillerée à table (15 ml) de l'huile dans la poêle et y cuire le porc, par petites quantités, à feu moyen-vif, en ajoutant un peu d'huile si nécessaire, pendant 4 à 5 minutes ou jusqu'à ce que le porc ait perdu sa teinte rosée à l'intérieur. Mettre dans un plat de service et réserver au chaud.

■ Verser le bouillon dans la poêle. Amener à ébullition en raclant le fond de l'ustensile pour en détacher les particules de viande. Incorporer en fouettant la préparation au poivron rouge et bien réchauffer. Napper le porc d'un peu de sauce et servir le reste en saucière. Donne 4 portions.

UN REPAS PRÊT EN 30 MINUTES
Si vous recevez à l'improviste un soir de la semaine, offrez à vos invités le menu suivant. Servez le Sauté de porc et sauce au poivron rouge (sur cette page) et accompagnez-le des Pâtes au brocoli et à l'ail (p. 41) et d'une salade verte. Terminez le repas avec une coupe rafraîchissante de sorbet au citron garni de bleuets.

Moussaka géante

Nourrissante et savoureuse à souhait, cette moussaka est le plat par excellence si vous recevez un grand nombre de personnes à dîner. Même ceux qui n'aiment pas les aubergines en raffoleront.

2	grosses aubergines	2
1 c. à thé	sel	5 ml
1/4 t	huile d'olive	60 ml
3 t	oignons hachés	750 ml
2 lb	boeuf haché maigre	1 kg
1/2 t	vin rouge sec ou bouillon de boeuf	125 ml
1/4 t	pâte de tomates	60 ml
1/2 c. à thé	cannelle	2 ml
1/4 c. à thé	poivre	1 ml
1/2 t	persil frais haché fin	125 ml
1 t	miettes de pain frais	250 ml
1 t	parmesan frais râpé	250 ml
1/4 t	beurre	60 ml
1/3 t	farine	75 ml
4 t	lait	1 L
4	oeufs, légèrement battus	4
2 t	fromage cottage à la crème	500 ml
1 c. à thé	muscade	5 ml

■ Couper les extrémités des aubergines et les couper dans le sens de la longueur en tranches de 1/2 po (1 cm) d'épaisseur. Saler les tranches et les mettre dans une passoire. Laisser dégorger pendant 30 minutes. Rincer et éponger.

■ Dans une grande poêle à revêtement anti-adhésif, faire chauffer 1 c. à table (15 ml) de l'huile à feu moyen-vif. Y faire dorer les tranches d'aubergine, quelques-unes à la fois, en ajoutant un peu d'huile au besoin. Retirer de la poêle et réserver.

■ Verser le reste de l'huile dans la poêle. Y cuire les oignons à feu moyen jusqu'à ce qu'ils soient ramollis, pendant environ 5 minutes. Ajouter le boeuf et augmenter le feu à vif. Cuire en remuant pour défaire la viande jusqu'à ce qu'elle ait perdu sa teinte rosée. Ajouter le vin, la pâte de tomates, la cannelle et le poivre, et amener à ébullition. Réduire le feu et laisser mijoter pendant 10 minutes ou jusqu'à ce que la sauce épaississe. Incorporer le persil. Rectifier l'assaisonnement et réserver.

■ Parsemer le fond d'un moule de 13 × 9 po (3,5 L) d'environ le tiers des miettes de pain. Couvrir de la moitié des aubergines, de la sauce à la viande, du pain et du parmesan. Répéter dans le même ordre avec le reste des ingrédients. *(La moussaka peut être préparée jusqu'à cette étape et congelée. Faire dégeler avant de poursuivre la recette.)*

■ Dans une casserole à fond épais, faire fondre le beurre à feu moyen. Ajouter la farine en remuant et cuire pendant 3 minutes sans faire colorer. Incorporer le lait graduellement en fouettant jusqu'à ce que la sauce soit homogène. Laisser refroidir légèrement. Incorporer les oeufs, le fromage cottage et la muscade. Verser avec une cuillère sur les aubergines. *(La moussaka peut être préparée jusqu'à cette étape et conservée au réfrigérateur pendant 24 heures.)*

■ Cuire au four préchauffé à 375°F (190°C) pendant 1 heure ou jusqu'à ce que le dessus soit doré et que la moussaka soit bouillonnante. Laisser reposer pendant 10 minutes avant de couper en carrés. Donne 8 à 10 portions.

Cuisses de poulet à l'orientale

Ce plat de poulet économique satisfera tous ceux qui aiment les mets un peu piquants.

1/3 t	oignons verts hachés fin	75 ml
2	gousses d'ail, hachées fin	2
3 c. à tab	sauce hoisin	45 ml
2 c. à tab	beurre d'arachides	30 ml
1 c. à tab	racine de gingembre hachée fin	15 ml
1 c. à tab	sauce soya	15 ml
1 c. à tab	huile de sésame	15 ml
1 c. à tab	jus de citron	15 ml
1/2 c. à thé	sauce au piment fort	2 ml
2 lb	cuisses de poulet ou pilons	1 kg
2 c. à tab	coriandre ou persil frais haché	30 ml

■ Dans un bol, mélanger 1/4 tasse (60 ml) des oignons verts, l'ail, la sauce hoisin, le beurre d'arachides, le gingembre, la sauce soya, l'huile de sésame, le jus de citron et la sauce au piment.

■ Disposer le poulet dans un plat peu profond allant au four. Verser la sauce sur le poulet. Cuire au four préchauffé à 375°F (190°C) pendant 45 à 50 minutes ou jusqu'à ce que le poulet soit bien doré et que le jus qui s'en écoule lorsqu'on le pique avec une fourchette soit clair. Parsemer du reste des oignons verts et de la coriandre. Donne 4 portions.

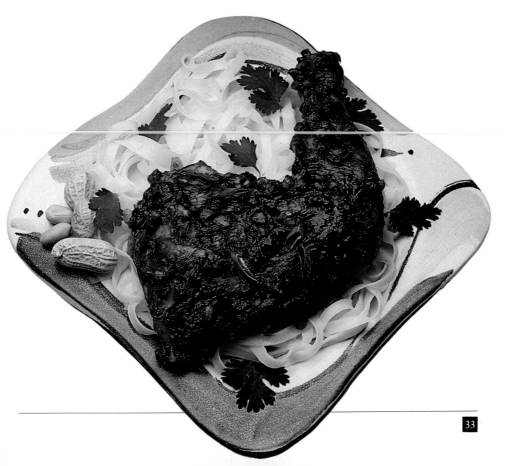

Rôti de porc aux pommes au micro-ondes

Pour apprêter ce rôti, utilisez des pommes qui gardent leur forme à la cuisson, telles que les Northern Spy, les Golden Delicious ou les Idared. Garnissez le plat de persil frais.

3 lb	rôti de porc dans l'épaule, sans os	1,5 kg
2 t	oignons tranchés	500 ml
1 c. à tab	beurre	15 ml
3	pommes, pelées et coupées en tranches épaisses	3
1 c. à thé	thym séché	5 ml
	Sel et poivre	

> **LA POLYVALENCE DU MICRO-ONDES**
>
> *Il arrive souvent que les nouveaux propriétaires d'un four à micro-ondes n'utilisent que la puissance maximale de ce dernier. Pourtant, tout comme le four de la cuisinière, le micro-ondes offre divers degrés de cuisson selon les types d'aliments qui doivent y être cuits. Les recettes données sur ces deux pages utilisent différents niveaux de puissance et donnent des résultats succulents.*

■ Enlever l'excès de gras du rôti. Dans une casserole profonde, d'une capacité de 12 tasses (3 L), allant au micro-ondes, cuire les oignons et le beurre à puissance maximale pendant 4 minutes ou jusqu'à ce qu'ils soient tendres, en remuant une fois. Disposer les pommes tranchées sur les oignons et mettre le rôti au milieu. Parsemer du thym.

■ Couvrir et cuire au micro-ondes à puissance maximale pendant 5 minutes. Poursuivre la cuisson à puissance moyenne (50 %) pendant 1 heure ou jusqu'à ce que le thermomètre à viande indique entre 160 et 170°F (71 et 75°C), en retournant le rôti à mi-cuisson et en tournant la casserole deux fois.

■ Laisser reposer pendant 10 minutes. Saler et poivrer le rôti. Trancher le rôti et disposer sur un plat de service. Entourer de la garniture aux pommes. Donne 8 portions.

Boeuf mariné cuit au micro-ondes

Tendre à souhait, ce plat de boeuf aigre-doux est délicieux servi avec des nouilles.

3 lb	pointe de poitrine de boeuf	1,5 kg
2 c. à thé	paprika	10 ml
1 c. à thé	moutarde sèche	5 ml
1/2 c. à thé	poivre	2 ml
2	oignons, hachés	2
1/2 t	jus d'orange	125 ml
1/3 t	sauce soya	75 ml
3 c. à tab	miel liquide	45 ml
2	gousses d'ail, hachées fin	2

■ Enlever l'excès de gras de la viande. Mélanger le paprika, la moutarde et le poivre, et étendre sur le rôti en faisant pénétrer. Étendre les oignons dans une casserole peu profonde d'une capacité de 12 tasses (3 L). Mettre le boeuf sur les oignons. Mélanger le jus d'orange, la sauce soya, le miel et l'ail. Verser sur la viande et retourner pour enrober. Couvrir et laisser mariner au réfrigérateur pendant toute une nuit. Laisser reposer à la température de la pièce pendant 30 minutes avant de cuire.

■ Cuire au micro-ondes, à couvert, à puissance maximale pendant 5 minutes. Retourner la pièce de viande. Poursuivre la cuisson, toujours à couvert, à puissance moyenne (50 %) pendant 90 minutes, en arrosant de temps à autre, en retournant la pièce de viande à mi-cuisson et en tournant la casserole deux fois. Laisser reposer à couvert pendant 20 minutes.

■ Trancher la viande dans le sens contraire des fibres et remettre dans la casserole. Cuire à couvert à puissance moyenne (50 %) pendant 30 à 40 minutes. Donne 8 portions.

Poitrines de poulet farcies

Les poitrines de poulet farcies composent toujours un plat élégant. Vous pouvez utiliser des poitrines de poulet désossées si leur peau est intacte.

8	poitrines de poulet	8
2 c. à tab	beurre, fondu	30 ml
	FARCE	
2 c. à tab	beurre	30 ml
2	oignons verts, hachés fin	2
3/4 t	riz étuvé	175 ml
1/2 t	raisins de Corinthe	125 ml
1/4 t	abricots séchés hachés	60 ml
1 3/4 t	bouillon de poulet	425 ml
1 c. à thé	zeste d'orange râpé	5 ml
1/4 t	jus d'orange	60 ml
1/4 t	amandes effilées ou pignes grillées	60 ml
	Sel et poivre	
2 oz	fromage à la crème, en dés	60 g

■ **Farce:** Dans une casserole à fond épais, faire fondre le beurre à feu moyen. Y cuire les oignons verts, en remuant, pendant 1 minute ou jusqu'à ce qu'ils soient ramollis. Ajouter le riz, les raisins et les abricots en remuant pour enrober.

■ Ajouter le bouillon, le zeste et le jus d'orange. Amener à ébullition à feu vif. Réduire le feu et laisser mijoter, à couvert, pendant 15 à 20 minutes ou jusqu'à ce que le riz soit tendre et le liquide absorbé. Ajouter les amandes, du sel et du poivre. Incorporer le fromage en pliant la préparation, et laisser refroidir.

■ Entre temps, à l'aide d'un couteau pointu, enlever les os des poitrines en laissant la peau intacte. Détacher la peau sur un côté de chaque poitrine, en laissant la peau attachée sur le bord arrondi des poitrines. Farcir chaque poitrine de 1/2 tasse (125 ml) de farce en pressant pour l'étendre uniformément sous la peau. Replier en dessous les extrémités de la peau et de la chair.

■ Mettre les poitrines sur une plaque munie d'un rebord, graissée. Badigeonner du beurre fondu. Cuire au four préchauffé à 375°F (190°C), en arrosant de temps à autre, pendant 35 minutes ou jusqu'à ce que les poitrines soient bien dorées et aient perdu leur teinte rosée à l'intérieur.

Dégraisser le jus de cuisson et servir avec les poitrines. Donne 8 portions.

Lasagne aux fruits de mer et au brocoli

Cette lasagne à la saveur délicate est idéale pour un brunch ou un buffet. Accompagnez-la de petits pains de blé croustillants et d'une salade de laitue Boston et de tomates cerises.

6	lasagnes	6
1 lb	filets de sole	500 g
3 t	lait	750 ml
1 lb	brocoli	500 g
1/3 t	beurre	75 ml
1/2 lb	champignons, tranchés	250 g
1/3 t	farine	75 ml
1/2 c. à thé	sel	2 ml
	Une pincée de poivre et de muscade	
1/4 t	crème à 35 %	60 ml
2 1/4 t	fromage suisse ou mozzarella râpé	560 ml
3/4 lb	crevettes cuites	375 g
1/2 t	parmesan frais râpé	125 ml

■ Dans une grande casserole d'eau bouillante salée, cuire les lasagnes jusqu'à ce qu'elles soient tendres mais encore fermes. Égoutter et passer sous l'eau froide. Réserver sur du papier absorbant.

■ Dans une casserole peu profonde, mettre la sole et le lait. Amener à faible ébullition. Cuire, à couvert, pendant 5 minutes ou jusqu'à ce que le poisson se défasse aisément à la fourchette. Bien égoutter le poisson et réserver le lait chaud.

■ Entre temps, peler et trancher les tiges du brocoli. Couper la tête du brocoli en bouchées. Dans une grande casserole d'eau bouillante salée, cuire le brocoli pendant 2 minutes. Égoutter et passer sous l'eau froide. Bien égoutter et réserver sur du papier absorbant.

■ Dans une casserole, faire fondre le beurre à feu moyen. Y cuire les champignons pendant 3 à 5 minutes ou jusqu'à ce qu'ils soient ramollis. Ajouter la farine et cuire à feu doux, en remuant, pendant 2 minutes sans faire brunir. Retirer du feu. Incorporer le lait chaud réservé, le sel, le poivre et la muscade. Cuire à feu moyen, en remuant, jusqu'à ce que la sauce soit épaisse. Réduire le feu à doux et incorporer graduellement la crème. Retirer du feu. Rectifier l'assaisonnement si désiré. Incorporer 1 tasse (250 ml) du fromage suisse. Napper de sauce le fond d'un moule en verre de 13 × 9 po (3 L), graissé.

■ Défaire la sole en flocons et l'ajouter à la sauce dans la casserole avec les crevettes. Disposer 3 lasagnes dans le moule et recouvrir d'une fine couche de sauce. Couvrir des morceaux de brocoli et arroser de quelques cuillerées à table de sauce.

■ Mélanger 1/4 tasse (60 ml) du parmesan avec le reste de fromage suisse. Parsemer le brocoli de la moitié de ce mélange. Recouvrir des 3 autres lasagnes. Napper du reste de sauce. Parsemer du reste des fromages mélangés, puis du reste de parmesan. *(La lasagne peut être préparée jusqu'à cette étape, couverte et réfrigérée pendant 8 heures.)*

■ Couvrir de papier d'aluminium et cuire au four préchauffé à 350°F (180°C) pendant 30 minutes. Enlever le papier d'aluminium et faire griller pendant 2 minutes ou jusqu'à ce que le dessus soit bien doré. Donne 6 à 8 portions.

Courgettes farcies

Lors de votre prochaine réception, servez ces délicieuses courgettes farcies, assaisonnées d'herbes fraîches et accompagnées d'une sauce aux tomates tout à fait spéciale.

6	petites courgettes (environ 1 1/3 lb/675 g)	6
2 c. à tab	huile d'olive	30 ml
3 c. à tab	persil frais haché	45 ml
2 c. à tab	basilic frais haché	30 ml
1	gousse d'ail, hachée	1
1 1/2 t	pain frais émietté	375 ml
1	oeuf, battu	1
	Sel et poivre	
1/2 t	bouillon de poulet	125 ml
	Brins de cerfeuil ou de persil	

SAUCE AUX TOMATES

1 lb	tomates (2 grosses)	500 g
3 c. à tab	basilic frais haché	45 ml
3 c. à tab	huile d'olive	45 ml
1 c. à tab	cerfeuil ou persil frais haché	15 ml
1 c. à thé	zeste d'orange râpé	5 ml
1 c. à thé	zeste de citron râpé	5 ml
1	gousse d'ail, hachée fin	1

■ **Sauce aux tomates:** Peler, épépiner et hacher les tomates. Dans un bol, mélanger les tomates, le basilic, l'huile, le cerfeuil, les zestes d'orange et de citron, et l'ail. Saler et poivrer. Laisser mariner à la température de la pièce pendant au plus 1 heure, ou couvrir et réfrigérer pendant au plus 2 jours.

■ Couper la queue des courgettes. Couper, dans le sens de la longueur, une fine tranche sur le dessus de chaque courgette. Si nécessaire, tailler le dessous des courgettes pour qu'elles soient en équilibre. Réserver les retailles. Avec une cuillère à pamplemousse ou une cuillère parisienne, évider les courgettes de façon à ce qu'elles aient 1/4 po (5 mm) d'épaisseur. Hacher grossièrement les retailles réservées et la pulpe des courgettes. Dans une casserole d'eau bouillante salée, cuire les barquettes de courgette pendant 2 minutes. Égoutter et passer sous l'eau froide. Retourner les barquettes sur du papier absorbant et les laisser égoutter.

■ Dans une poêle, faire chauffer l'huile à feu moyen. Y cuire les courgettes hachées pendant 5 minutes ou jusqu'à ce qu'elles soient tendres. Ajouter le persil, le basilic et l'ail, et cuire pendant 1 minute. Mettre la préparation dans un bol. Incorporer le pain et l'oeuf. Saler et poivrer.

■ Farcir les barquettes de la préparation et disposer dans un plat de 11 × 7 po (2 L), graissé. Verser le bouillon de poulet autour des courgettes. Couvrir et cuire au four préchauffé à 350°F (180°C) pendant 25 à 30 minutes ou jusqu'à ce que les courgettes soient tendres et bien chaudes. Napper chaque assiette de sauce aux tomates et y déposer une courgette farcie. Décorer de brins de cerfeuil. Donne 6 portions.

Riz au sésame

Ce riz est également délicieux parfumé avec du zeste d'orange râpé, que l'on incorpore juste avant de servir.

1 c. à tab	huile de tournesol ou végétale	15 ml
1/4 t	graines de sésame	60 ml
1 t	riz étuvé	250 ml
1	oignon, haché	1
2 t	bouillon de poulet	500 ml

■ Dans une grande casserole, faire chauffer l'huile à feu moyen-vif. Y faire dorer les graines de sésame, en remuant constamment, pendant 2 minutes. Ajouter le riz et l'oignon. Faire sauter pendant 3 minutes ou jusqu'à ce que l'oignon soit tendre.

■ Verser le bouillon de poulet et amener à ébullition. Réduire le feu, couvrir et laisser mijoter pendant 20 minutes ou jusqu'à ce que le riz soit tendre et le liquide absorbé. Donne 4 portions.

Riz au sésame; Filets de poisson en papillotes (voir Plats principaux, p. 49). ▼

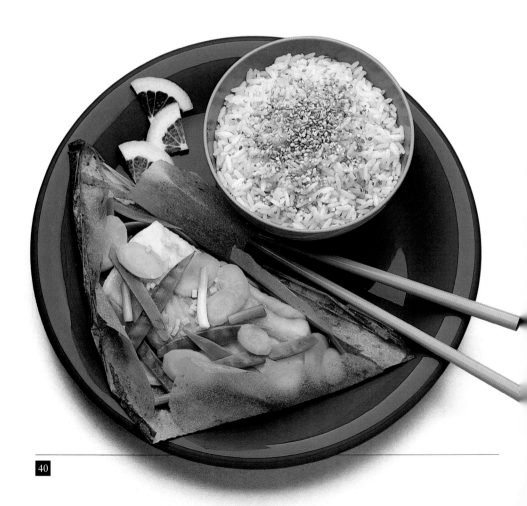

Salade verte aux agrumes

Lorsque vous séparerez les fruits en quartiers, prenez soin d'en retirer les membranes blanches.

1	laitue romaine	1
1	orange et pamplemousse, parés et défaits en quartiers (chacun)	1
1 c. à tab	graines de sésame	15 ml

	SAUCE	
2 c. à tab	jus de citron	30 ml
1 c. à thé	zeste d'orange et de citron râpé (chacun)	5 ml
1 c. à thé	sauce soya	5 ml

1/2 c. à thé	moutarde de Dijon	2 ml
1/4 c. à thé	gingembre	1 ml
1/3 t	huile végétale	75 ml
	Sel et poivre	

■ **Sauce:** Dans un bol, fouetter ensemble le jus de citron, les zestes d'orange et de citron, la sauce soya, la moutarde et le gingembre. Incorporer graduellement l'huile en fouettant. Saler et poivrer.

■ Déchiqueter la laitue. Dans un bol, mélanger la laitue avec les quartiers de fruits et la sauce. Parsemer des graines de sésame. Donne 4 à 6 portions.

Pâtes au brocoli et à l'ail

Si vous raffolez du fromage, ajoutez 1/2 tasse (125 ml) de parmesan frais râpé à ce plat de pâtes.

1 lb	penne	500 g
3 t	bouquets de brocoli	750 ml
3 c. à tab	beurre	45 ml
3	gousses d'ail, hachées fin	3
	Poivre	

■ Dans une grande casserole d'eau bouillante salée, cuire les pâtes pendant 5 minutes. Ajouter le brocoli et poursuivre la cuisson pendant 3 minutes ou jusqu'à ce que les pâtes soient tendres mais encore fermes et le brocoli tendre-croquant.

■ Entre temps, dans une petite casserole, faire chauffer le beurre et l'ail pendant 2 à 3 minutes ou jusqu'à ce que l'ail soit ramolli. Bien égoutter les pâtes et le brocoli, et les mettre dans un bol réchauffé. Ajouter le beurre à l'ail et bien mélanger. Poivrer. Donne 4 portions.

Gratin dauphinois

Ce plat traditionnel de la cuisine française est délicieux avec des côtelettes ou des biftecks grillés, ou avec un rôti de porc ou d'agneau.

1	gousse d'ail, coupée en deux	1
2 c. à tab	beurre, ramolli	30 ml
5	grosses pommes de terre, pelées (2 1/2 lb/1,25 kg)	5
3/4 c. à thé	sel	4 ml
1/4 c. à thé	poivre	1 ml
1 1/2 t	gruyère râpé (6 oz/175 g)	375 ml
2	oeufs	2
1 t	crème à 35 %	250 ml
1 t	lait ou crème à 10 %	250 ml
1/4 c. à thé	muscade	1 ml
2 c. à tab	beurre, fondu	30 ml

■ Frotter un plat à gratin ovale, d'une capacité de 6 tasses (1,5 L), avec les demi-gousses d'ail. Jeter l'ail. Badigeonner le plat du beurre ramolli.

■ Émincer les pommes de terre dans le sens de la longueur. Laisser tremper dans de l'eau froide pendant 5 minutes. Égoutter et bien éponger.

■ Disposer le tiers des pommes de terre dans le plat en les faisant se chevaucher. Saupoudrer du tiers du sel et du poivre. Parsemer de 1/3 tasse (75 ml) du fromage râpé. Refaire les mêmes opérations, et terminer avec une couche de pommes de terre.

■ Battre les oeufs avec la crème et le lait. Verser sur les pommes de terre. Assaisonner du reste de sel et de poivre. Parsemer du reste de fromage râpé. Saupoudrer de la muscade, puis arroser du beurre fondu.

■ Cuire au four préchauffé à 325°F (160°C) pendant 1 1/4 heure ou jusqu'à ce que les pommes de terre soient tendres et le dessus croustillant et doré. Laisser reposer pendant 5 minutes. Donne 6 portions.

Courgettes et tomates cerises sautées

À la fin de l'été, lorsque les courgettes et les tomates se retrouvent en abondance sur les étals des marchés, ce plat coloré est tout indiqué pour un buffet.

12	petites courgettes (2 lb/1 kg)	12
1 lb	tomates cerises	500 g
1/4 t	huile d'olive	60 ml
1/2 t	pignes ou amandes en lamelles	125 ml
2	gousses d'ail, hachées	2
1 c. à thé	sel	5 ml
1/4 c. à thé	poivre	1 ml
1/4 t	basilic frais haché	60 ml
1/2 c. à thé	sucre	2 ml

■ Couper les courgettes dans le sens de la longueur en bâtonnets d'environ 1/4 po (5 mm) d'épaisseur. Enlever la queue des tomates.

■ Dans une grande poêle, faire chauffer la moitié de l'huile à feu moyen. Y faire dorer légèrement les pignes. Retirer avec une écumoire et réserver.

■ Ajouter la moitié de l'ail dans la poêle et aug-menter le feu à vif. Ajouter les courgettes et les faire sauter pendant 3 minutes, en remuant constamment, ou jusqu'à ce qu'elles soient tendres-croquantes mais non dorées. Assaisonner avec la moitié du sel et du poivre. Parsemer de la moitié du basilic. Mettre dans un plat ovale chaud, en disposant rapidement les courgettes en éventail sur le pourtour du plat. Couvrir et réserver au chaud.

■ Dans la même poêle, faire chauffer le reste de l'huile et de l'ail. Y faire sauter les tomates, en secouant la poêle doucement, pendant 1 1/2 minute ou jusqu'à ce qu'elles soient bien chaudes. Assaison-ner avec le reste du sel, du poivre et du basilic. Saupoudrer du sucre. Mettre au centre des cour-gettes. Disposer les pignes entre les courgettes et les tomates en formant un cercle. Servir aussitôt. Donne 10 portions.

LES LÉGUMES SAUTÉS

Les légumes sautés font un excellent plat d'accompagnement. Vous pouvez apprêter de cette façon presque tous les légumes. Comme ce type de plat doit être préparé à la dernière minute, ayez tous les ingrédients prêts à la portée de la main. Vous pouvez utiliser une grande poêle ou un wok. Commencez par faire sauter les légumes qui nécessitent une cuisson plus longue, puis ajoutez les autres légumes au fur et à mesure. Mais ne les faites pas trop cuire.

Salade de fruits, sauce au miel et à la cardamome

Les saveurs inusitées de la cardamome et de l'eau de rose se marient avec bonheur dans cette salade de fruits d'hiver.

2	oranges	2
2	bananes	2
1	cantaloup	1
3	kiwis	3
1 t	raisins verts sans pépins	250 ml

SAUCE AU MIEL ET À LA CARDAMOME		
1/2 t	yogourt nature	125 ml
1 c. à tab	miel	15 ml
1 c. à tab	jus de lime	15 ml
1 c. à thé	eau de rose (facultatif)	5 ml
	Une pincée de cardamome	

■ Peler et défaire les oranges en quartiers. Peler et émincer les bananes. Évider le cantaloup avec une cuillère parisienne. Peler et émincer les kiwis. Dans un grand bol en verre, mélanger tous les fruits et réserver.

■ **Sauce au miel et à la cardamome:** Mélanger le yogourt, le miel, le jus de lime, l'eau de rose (si désiré) et la cardamome. Arroser les fruits de la sauce. Mettre au réfrigérateur pendant au moins 1 heure ou au plus 8 heures. Donne 6 à 8 portions.

UN MENU RAPIDE ET LÉGER
La Salade de poires aux noix et au fromage (page suivante), un plat tout à fait original, accompagne à merveille le savoureux Boeuf à la créole et riz (voir Plats principaux, *p. 32).*
La Compote chaude de prunes (voir Desserts fabuleux, *p. 56) termine en beauté ce repas léger et succulent.*

Salade de poires aux noix et au fromage

Aussi savoureuse apprêtée avec du cheddar, cette salade met en vedette les poires d'automne telles que les Bartlett.

4	poires mûres	4
4	feuilles de laitue Boston	4
1/3 t	noix de Grenoble hachées	75 ml
	SAUCE	
2/3 t	yogourt nature à faible teneur en matières grasses	150 ml
1/2 t	gruyère râpé	125 ml
1 c. à tab	jus de citron	15 ml
1 c. à thé	moutarde de Dijon	5 ml

■ **Sauce:** Mélanger le yogourt avec le fromage, le jus de citron et la moutarde.

■ Enlever le coeur des poires, sans les peler, et les émincer. Mettre une feuille de laitue dans chaque assiette individuelle et y disposer les tranches de poire en éventail. Napper de sauce et parsemer de noix hachées. Servir aussitôt. Donne 4 portions.

Pilaf de couscous

Si vous recevez un grand nombre de personnes, ce plat est tout indiqué, car il peut être préparé à l'avance, et encore plus rapidement que du riz ou des pâtes. Même les enfants en raffolent. Assurez-vous que vous utilisez bien du couscous précuit. Ce dernier est vendu dans certains supermarchés, dans les magasins d'aliments naturels et du Moyen-Orient.

7 1/2 t	bouillon de poulet bouillant	1,875 L
5 t	couscous précuit	1,25 L
1/3 t	beurre	75 ml
2	gros oignons, finement hachés	2
2	gousses d'ail, finement hachées	2
3	carottes, coupées en petits dés	3
1/2 t	eau	125 ml
2	boîtes (19 oz/540 ml chacune) de pois chiches, égouttés	2
1/2 t	pistaches ou amandes hachées	125 ml
1/4 t	persil frais haché	60 ml
	Sel et poivre	

■ Dans une grande casserole, mélanger le bouillon avec le couscous. Couvrir et laisser reposer pendant 15 minutes.

■ Entre temps, dans une autre casserole, faire fondre le beurre à feu moyen. Y cuire les oignons et l'ail pendant 8 minutes ou jusqu'à ce qu'ils soient tendres. Ajouter les carottes et l'eau. Couvrir et faire cuire pendant 6 minutes.

■ Ajouter les pois chiches. Réduire le feu à moyen-doux et laisser mijoter pendant 5 minutes. Incorporer au couscous avec les pistaches et le persil. Saler et poivrer. *(Si désiré, laisser refroidir, couvrir et conserver au réfrigérateur pendant 24 heures. Faire réchauffer au four à 350°F (180°C) pendant 30 à 40 minutes.)* Donne 20 portions.

LE COUSCOUS

Le couscous est une farine granulée provenant des blés durs ou une semoule à gros grains qui a été cuite à la vapeur et séchée. Il est utilisé comme plat d'accompagnement dans la cuisine marocaine et nord-africaine.

• Couscous nature: Dans une casserole, amener 1 3/4 tasse (425 mL) de bouillon de poulet ou d'eau à ébullition. Ajouter 1 tasse (250 mL) de couscous précuit. Couvrir et laisser reposer pendant 5 minutes. Remuer avec une fourchette. Donne 4 tasses (1 L).

• Le couscous peut être garni de noix ou de fruits séchés hachés, de raisins secs, de champignons ou d'oignons sautés.

Salade de verdures, sauce à l'ail et au yogourt

À la fin de l'été, la scarole et la chicorée frisée prennent la vedette dans les salades.
Ajoutez-y une touche de couleur avec de la laitue radicchio.

1	chicorée frisée	1
1	scarole	1
2	petites laitues radicchio ou endives	2
1	botte de cresson (ou 1/2 paquet de 10 oz/284 g d'épinards), paré	1
2/3 t	gruyère râpé	150 ml
	SAUCE	
1 c. à thé	ail haché fin	5 ml
3/4 c. à thé	sel	4 ml
1/2 t	yogourt nature	125 ml
1/4 t	babeurre	60 ml
4 c. à thé	vinaigre de vin blanc	20 ml
1 c. à tab	huile d'olive	15 ml
1/2 c. à thé	moutarde à l'ancienne (de Meaux)	2 ml
1/4 c. à thé	poivre	1 ml

■ Défaire les feuilles des trois variétés de laitues. Casser les feuilles de chicorée et de scarole en deux. Envelopper les laitues séparément dans un linge. Mettre dans des sacs de plastique et faire refroidir au réfrigérateur.

■ **Sauce:** Dans un petit bol, broyer l'ail avec le sel. Ajouter, en fouettant, le yogourt, le babeurre, le vinaigre, l'huile, la moutarde et le poivre. Mettre au réfrigérateur pendant au moins 4 heures afin de permettre aux saveurs de se mêler. Rectifier l'assaisonnement si désiré.

■ Tapisser un grand saladier avec la chicorée et la scarole. Disposer les feuilles de radicchio en cercle et le cresson au centre.

■ Parsemer les laitues du fromage râpé et arroser la salade de la sauce. Donne 10 portions.

Courge braisée

Utilisez n'importe quelle variété de courge charnue et facile à peler pour préparer ce plat.

2 c. à tab	beurre ou huile d'olive	30 ml
1	gros oignon, haché	1
3	gousses d'ail, hachées fin	3
8 t	courge pelée et coupée en cubes	2 L
1/2 c. à thé	thym ou origan séché	2 ml
1/2 t	bouillon de poulet ou vin blanc sec	125 ml
1/4 t	persil frais ou oignon vert haché	60 ml
	Sel et poivre	

■ Dans une grande casserole à fond épais, faire chauffer le beurre à feu moyen-doux. Y cuire l'oignon et l'ail jusqu'à ce qu'ils soient ramollis, pendant environ 4 minutes. Ajouter la courge et le thym, et bien mélanger. Cuire en remuant pendant 2 minutes.

■ Verser le bouillon, couvrir et cuire à feu très doux pendant 20 minutes, en remuant une ou deux fois, ou jusqu'à ce que la courge soit tendre et que la plus grande partie du bouillon ait été absorbée. *(Le plat peut être préparé jusqu'à cette étape. Laisser refroidir, couvrir et réfrigérer pendant 24 heures. Bien réchauffer avant de poursuivre la recette.)* Incorporer délicatement le persil. Saler et poivrer. Donne 6 portions.

COURGE BRAISÉE AU GRATIN
Avant d'ajouter le persil, le sel et le poivre, réduire la courge en purée. Mettre la préparation dans un plat de 13 × 9 po (3,5 L) et lisser la surface. Couvrir de 2 tasses (500 ml) de pain de blé frais émietté (ou de craquelins émiettés) et mélangé avec 1/4 tasse (60 ml) de beurre fondu. Cuire au four préchauffé à 350°F (180°C) pendant environ 30 minutes ou jusqu'à ce que le dessus soit croustillant et doré.

Tarte croustillante à la rhubarbe et à la crème sure

Cette tarte peut être préparée avec de la rhubarbe fraîche ou congelée. Pour en apprécier toute la saveur, servez-la chaude avec de la crème glacée à la vanille.

	Abaisse de pâte brisée de 10 po (25 cm)	
1	oeuf	1
1 t	crème sure	250 ml
1 t	sucre	250 ml
3 c. à tab	fécule de maïs	45 ml
1/2 c. à thé	cannelle	2 ml
1/2 c. à thé	muscade	2 ml
3 t	rhubarbe grossièrement tranchée	750 ml
	GARNITURE	
1/2 t	flocons d'avoine	125 ml
1/3 t	cassonade tassée	75 ml
1/3 t	farine tout usage	75 ml
1/3 t	beurre, ramolli	75 ml
1 c. à thé	zeste d'orange ou de citron	5 ml

■ Foncer de l'abaisse un moule à tarte de 10 po (25 cm). Réserver.

■ Dans un bol, fouetter l'oeuf avec la crème sure. Mélanger le sucre, la fécule, la cannelle et la muscade, et incorporer à la crème sure. Incorporer la rhubarbe. Verser la préparation avec une cuillère dans le moule.

■ **Garniture:** Dans un bol, mélanger les flocons d'avoine, la cassonade et la farine. Incorporer le beurre à l'aide de deux couteaux jusqu'à ce que le mélange soit friable. Incorporer le zeste d'orange. Parsemer la préparation dans le moule de la garniture.

■ Cuire au four préchauffé à 400°F (200°C) pendant 15 minutes. Réduire la chaleur à 375°F (190°C) et poursuivre la cuisson pendant 40 à 50 minutes ou jusqu'à ce que le dessus soit bien doré et que la préparation soit gonflée et ferme. Servir chaud. Donne 6 à 8 portions.

Croustillant aux fruits d'hiver

Généreusement parfumé au gingembre, ce croustillant est délicieux, servi chaud ou froid, avec de la crème, de la crème glacée, du yogourt ou de la crème sure.

4 t	poires pelées et émincées (4 grosses)	1 L
4 t	pommes pelées et émincées (4 grosses)	1 L
1/2 t	noix de Grenoble hachées	125 ml
1/2 t	raisins secs	125 ml
1/4 t	cassonade tassée	60 ml
1/4 t	gingembre en conserve haché	60 ml
1/2 c. à thé	gingembre moulu	2 ml
1/2 t	jus d'orange	125 ml

GARNITURE		
3/4 t	farine tout usage	175 ml
1/2 t	cassonade tassée	125 ml
1/2 t	beurre froid	125 ml

■ Dans un grand bol, mélanger les poires, les pommes, les noix, les raisins secs, la cassonade, le gingembre haché et moulu. Verser avec une cuillère dans un plat allant au four d'une capacité de 8 tasses (2 L), graissé, et lisser la surface. Arroser du jus d'orange.

■ **Garniture:** Dans un petit bol, mélanger la farine et la cassonade. Incorporer le beurre à l'aide de deux couteaux jusqu'à ce que le mélange ressemble à une chapelure grossière. Parsemer les fruits de la garniture.

■ Cuire au four préchauffé à 400°F (200°C) pendant 45 à 55 minutes ou jusqu'à ce que la garniture soit croustillante et les fruits tendres. Donne 6 à 8 portions.

LES GRATINS

Les gratins peuvent garnir tous les types de mets, aussi bien les soupes et les entrées que les plats de légumes et les desserts. Pour terminer un repas sur une note sucrée, préparez une garniture croustillante avec de la cassonade, de la farine et du beurre; relevez-en le goût en la saupoudrant, si désiré, de cannelle ou de muscade.

• Le plat à gratin traditionnel, fait de cuivre, de porcelaine ou de fonte émaillée, est de forme ovale et d'une profondeur de 2 à 3 pouces (5 à 7 cm). Mais il existe aussi des plats à gratin de forme ronde, rectangulaire ou carrée. Si vous ne possédez pas de plat à gratin, vous pouvez utiliser un moule en verre peu profond à l'épreuve de la chaleur ou même un moule à gâteau.

Coupe aux pêches et aux framboises

Ce dessert tout à fait spécial terminera en beauté tout repas élégant du midi. Si vous ne pouvez vous procurer de framboises fraîches, utilisez des framboises congelées non sucrées.

1/4 t	eau	60 ml
2 c. à tab	sucre	30 ml
6 t	pêches pelées et tranchées	1,5 L
1 1/2 t	crème à 10 %	375 ml
1/2 t	vin blanc ou jus de raisin blanc	125 ml
	Crème glacée à la vanille	
	Sauce aux framboises (voir recette)	

■ Dans une petite casserole, faire chauffer l'eau et le sucre à feu doux jusqu'à ce que le sucre soit dissous. Laisser refroidir.

■ À l'aide du mélangeur ou du robot culinaire, réduire les pêches en purée avec 1/2 tasse (125 ml) de la crème. Verser dans un grand bol. Incorporer, en fouettant, le reste de la crème, le sirop refroidi et le vin.

■ Verser la préparation dans des bols de service. Garnir d'une boule de crème glacée. Arroser de sauce aux framboises. Donne 8 à 10 portions.

SAUCE AUX FRAMBOISES

1 t	framboises (fraîches ou dégelées)	250 ml
1 c. à tab	sucre	15 ml

■ Passer les framboises dans un tamis en les écrasant avec une cuillère, ou les réduire en purée avec un petit moulin, de façon à en retirer les graines. Incorporer le sucre à la purée et laisser reposer jusqu'à ce que le sucre soit dissous. Donne environ 1 tasse (250 ml) de sauce.

Pavé au citron

Idéal pour une grande réception, ce dessert rafraîchissant peut être préparé deux jours à l'avance. Si vous avez le temps, décorez chaque carré de façon différente.

4	oeufs, blancs et jaunes séparés	4
2/3 t	sucre	150 ml
1 c. à tab	zeste de citron râpé	15 ml
1 c. à tab	jus de citron	15 ml
1 c. à thé	vanille	5 ml
2/3 t	farine tout usage	150 ml

SIROP AU CITRON ET AU RHUM

1/3 t	sucre	75 ml
1/3 t	eau	75 ml
2 c. à tab	jus de citron	30 ml
2 c. à tab	rhum brun	30 ml

CRÈME AU CITRON

1	sachet de gélatine sans saveur	1
1/4 t	eau froide	60 ml
4	jaunes d'oeufs	4
3/4 t	sucre	175 ml
1 c. à tab	zeste de citron râpé	15 ml
3/4 t	jus de citron	175 ml
4 oz	fromage à la crème, ramolli	125 g
1 t	crème à 35 %	250 ml

DÉCORATION

1 1/2 t	crème à 35 %	375 ml
2 c. à tab	sucre glace tamisé	30 ml
2 c. à tab	rhum brun	30 ml
10	fraises, coupées en deux	10
2	kiwis, pelés et émincés	2
1	mangue, pelée et émincée	1
1/2 t	noix de coco en lamelles, grillée*	125 ml
1/4 t	pistaches hachées, grillées*	60 ml

■ Graisser un moule à gâteau roulé de 15 × 10 po (40 × 25 cm). Tapisser le moule de papier-parchemin. Graisser le papier et saupoudrer légèrement de farine. Réserver.

■ Dans un bol, battre les jaunes d'oeufs avec le sucre jusqu'à ce que le mélange soit pâle et gonflé. Incorporer, en battant, le zeste et le jus de citron, et la vanille. Dans un autre bol, battre les blancs d'oeufs jusqu'à ce qu'ils forment des pics fermes et humides. Incorporer aux jaunes d'oeufs en pliant. Incorporer délicatement la farine en pliant. Étendre la préparation dans le moule. Cuire au four préchauffé à 350°F (180°C) pendant 15 à 20 minutes ou jusqu'à ce que le gâteau soit doré et reprenne sa forme sous une légère pression du doigt. Laisser refroidir dans le moule.

■ **Sirop au citron et au rhum:** Dans une casserole, mélanger le sucre, l'eau et le jus de citron. Amener à ébullition et laisser bouillir pendant 1 minute. Incorporer le rhum. Badigeonner le gâteau du sirop.

■ **Crème au citron:** Dans une casserole, saupoudrer l'eau froide de la gélatine et laisser reposer pendant 5 minutes. Faire chauffer la gélatine à feu doux jusqu'à ce qu'elle soit dissoute.

■ Entre temps, dans un bol, battre les jaunes d'oeufs avec le sucre jusqu'à ce que le mélange soit léger. Incorporer le zeste et le jus de citron en battant. Incorporer la gélatine en battant. Remettre dans la casserole et cuire à feu doux pendant 5 à 6 minutes ou jusqu'à ce que la préparation soit à peine épaisse. Laisser refroidir légèrement.

■ Dans un grand bol, battre le fromage jusqu'à ce qu'il soit léger. Incorporer la préparation au citron en battant. Laisser refroidir à la température de la pièce jusqu'à ce qu'elle commence à épaissir. Fouetter la crème à 35 % et incorporer à la préparation au citron en pliant. Étendre uniformément sur le gâteau. Mettre au réfrigérateur pendant au moins 2 heures ou au plus 2 jours. Couper en 20 carrés.

■ **Décoration:** Fouetter la crème. Incorporer le sucre et le rhum en battant. Verser dans une poche à pâtisserie et en décorer les gâteaux. Garnir avec les fruits, la noix de coco et les pistaches. Donne 20 portions.

*Faire griller la noix de coco et les pistaches sur des plaques séparées, au four préchauffé à 350°F (180°C), pendant 5 minutes ou jusqu'à ce qu'elles soient dorées.

Gâteau aux noix et au brandy

Ce délicieux gâteau, fourré de crème fouettée parfumée au brandy, peut être mis au réfrigérateur pendant 4 heures.

8	oeufs, blancs et jaunes séparés	8
1/4 c. à thé	sel	1 ml
1/4 c. à thé	crème de tartre	1 ml
1 1/2 t	sucre	375 ml
3 c. à tab	brandy	45 ml
1 1/2 t	noix de Grenoble finement moulues	375 ml
	GARNITURE	
2 t	crème à 35 %	500 ml
1 c. à tab	sucre glace	15 ml
1 c. à tab	brandy	15 ml
12	demi-noix de Grenoble	12

■ Tapisser de papier ciré un moule à gâteau roulé de 15 × 10 po (40 × 25 cm). Graisser le papier et saupoudrer de farine. Réserver.

■ Dans un bol, battre les blancs d'oeufs jusqu'à ce qu'ils soient mousseux. Incorporer, en battant, le sel et la crème de tartre jusqu'à ce que les blancs d'oeufs forment des pics mous. Incorporer graduellement, en battant, 1/4 tasse (60 ml) du sucre jusqu'à ce que les blancs d'oeufs forment des pics fermes.

■ Dans un grand bol, battre les jaunes d'oeufs avec le reste du sucre jusqu'à ce que le mélange soit pâle et épais. Incorporer, en battant, 1 c. à table (15 ml) du brandy. Incorporer le quart des blancs d'oeufs en remuant. Incorporer le reste des blancs d'oeufs et les noix moulues en pliant.

■ Étendre la préparation dans le moule. Cuire au four préchauffé à 350°F (180°C) pendant 35 minutes ou jusqu'à ce que le gâteau reprenne sa forme sous une légère pression du doigt. Laisser refroidir dans le moule. Arroser avec le reste du brandy. Couvrir de papier ciré et d'un linge humide. Mettre au réfrigérateur pendant 1 heure.

■ Retourner le gâteau sur un linge propre. Soulever le moule et retirer délicatement le papier ciré. Couper les bords croustillants et découper le gâteau en 4 rectangles égaux.

■ **Garniture:** Fouetter la crème et y incorporer le sucre et le brandy. Dresser le gâteau sur un plat de service en étageant les rectangles et en les nappant de garniture. Étendre le reste de la garniture sur le dessus et les côtés du gâteau, en en réservant une petite quantité pour façonner, avec une poche à douille, des rosettes à la base du gâteau. Garnir chaque rosette d'une demi-noix. Donne 10 portions.

Crème à l'orange au micro-ondes

Cette crème onctueuse, servie bien froide sur des fruits légèrement alcoolisés, se prépare en un tournemain.

1 1/4 t	lait	300 ml
1/3 t	sucre	75 ml
2 c. à tab	fécule de maïs	30 ml
2	jaunes d'oeufs, battus	2
1/4 t	jus d'orange	60 ml
1 c. à tab	zeste d'orange râpé	15 ml
1 c. à tab	beurre	15 ml
2	oranges navel, pelées et défaites en quartiers	2
1 c. à tab	liqueur d'orange	15 ml

■ Dans une tasse à mesurer d'une capacité de 4 tasses (1 L) allant au micro-ondes, mélanger le lait, le sucre et la fécule. Cuire à puissance maximale, à découvert, pendant 3 1/2 minutes, ou jusqu'à ce que le liquide ait légèrement épaissi, en fouettant deux fois.

■ Incorporer, en fouettant, le tiers du lait chaud aux jaunes d'oeufs. Remettre dans la tasse à mesurer et cuire à puissance maximale pendant 1 minute, ou jusqu'à ce que la préparation bouillonne sur les bords, en fouettant une fois.

■ Ajouter le jus et le zeste d'orange, et le beurre. Remuer jusqu'à ce que le beurre soit fondu. Couvrir directement la surface de la crème d'une pellicule de plastique et mettre au réfrigérateur pendant 2 heures ou jusqu'à ce qu'elle soit bien froide.

■ Entre temps, mélanger les oranges avec la liqueur et mettre au réfrigérateur. Disposer les oranges dans 4 coupes à dessert et les napper uniformément de crème à l'orange. Donne 4 portions.

DESSERTS À L'ORANGE

Ce merveilleux fruit qu'est l'orange se transforme facilement, comme par magie, en de savoureux desserts.

• Oranges caramélisées: Parsemer des quartiers ou des tranches d'orange de cassonade et mettre sous le gril.

• Compote d'oranges à la cannelle: Saupoudrer des tranches d'orange de sucre et de cannelle; arroser de vin rouge.

• Oranges fondantes: Parsemer des quartiers d'orange et de pamplemousse de cassonade et de dés de beurre; mettre sous le gril jusqu'à ce que la garniture soit dorée. Garnir de noix de coco râpée grillée et d'amandes ou de céréales granola.

Framboises et bleuets au gratin

Ce dessert est un pur délice. Préparez la crème quelques heures avant le repas et vous n'aurez plus qu'à faire gratiner avant de servir.

2 c. à tab	beurre, ramolli	30 ml
1/2 t	sucre	125 ml
1 c. à thé	fécule de maïs	5 ml
1	oeuf, blanc et jaune séparés	1
1/2 t	crème à 10 %	125 ml
1 c. à thé	vanille	5 ml
2 t	bleuets	500 ml
2 t	framboises	500 ml
1 c. à tab	cassonade tassée	15 ml

■ Dans une casserole à fond épais, mélanger le beurre, le sucre (sauf 1 c. à tab/15 ml) et la fécule.

Incorporer, en fouettant, le jaune d'oeuf et la crème. Cuire à feu moyen, en remuant constamment, pendant 3 minutes ou jusqu'à ce que la sauce bouille et soit épaisse. Ajouter la vanille.

■ Dans un bol, battre le blanc d'oeuf jusqu'à ce qu'il forme des pics mous. Incorporer graduellement le reste du sucre en battant jusqu'à ce qu'il forme des pics fermes et luisants. Incorporer à la préparation crémeuse en pliant. *(Si désiré, laisser refroidir, couvrir et réfrigérer pendant au plus 2 heures.)*

■ Mettre les bleuets et les framboises dans un plat à tarte profond de 9 po (23 cm). Verser délicatement la crème sur les fruits. Parsemer de la cassonade. Faire griller pendant 1 à 1 1/2 minute ou jusqu'à ce que le dessus soit doré. Donne 4 à 6 portions.

LES BLEUETS

Il existe différentes variétés de bleuets selon leur grosseur et leur couleur. Les petits bleuets sauvages et les bleuets lowbush *se retrouvent au Québec, en Nouvelle-Écosse et au Nouveau-Brunswick, et les bleuets plus gros (variété* highbush*) poussent en Colombie britannique. La teinte argentée de certains bleuets est une couche protectrice naturelle. Choisissez des bleuets mûrs (les bleuets rouges ou verts ne mûriront pas) et sensiblement de la même grosseur. Conservez-les au réfrigérateur et consommez-les avant deux ou trois jours. Lavez-les et enlevez-leur la queue juste avant de les servir.*

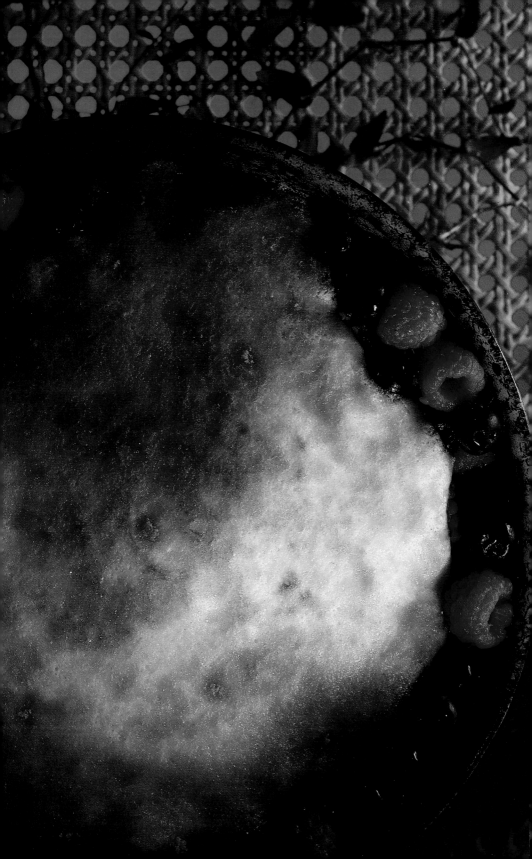

Pouding à l'orange et au gingembre

Capturez les merveilleuses saveurs de l'été en préparant ce dessert rafraîchissant aux fruits.

2	sachets de gélatine sans saveur	2
1/2 t	eau froide	125 ml
1 t	crème à 35 %	250 ml
1/2 t	sucre	125 ml
3 t	babeurre	750 ml
2 c. à tab	gingembre confit haché	30 ml
1 c. à thé	zeste d'orange râpé	5 ml
1 c. à thé	vanille	5 ml
	GARNITURE	
1 t	pêches pelées et tranchées	250 ml
1 t	framboises	250 ml

■ Dans la partie supérieure d'un bain-marie, saupoudrer l'eau froide de la gélatine. Laisser reposer pendant 1 minute. Faire chauffer au-dessus d'une eau chaude mais non bouillante jusqu'à ce que la gélatine soit dissoute. Ajouter la crème et le sucre, et remuer jusqu'à ce que le sucre soit dissous.

■ Retirer du feu. Incorporer le babeurre, le gingembre, le zeste d'orange et la vanille. Déposer la casserole dans un grand bol d'eau glacée et remuer pendant 5 à 7 minutes ou jusqu'à ce que la préparation commence à épaissir et qu'elle ait la consistance de blancs d'oeufs. Verser dans un moule d'une capacité de 6 tasses (1,5 L) ou dans 8 petits moules. Couvrir et réfrigérer pendant plusieurs heures.

■ Démouler le pouding sur un plat de service. Garnir des pêches et des framboises. Donne 8 portions.

Crème à la vanille, sauce aux fraises

Tous raffoleront de ce dessert à la saveur riche et délicate. Conservez les blancs d'oeufs pour préparer des meringues et congelez-les. Lors d'une autre réception, il ne vous restera plus qu'à préparer de la sauce aux fraises pour en napper les meringues garnies de crème glacée à la vanille.

9	jaunes d'oeufs	9
3/4 t	sucre	175 ml
3 t	crème à 35 %	750 ml
1 1/2 c. à thé	vanille	7 ml
	Muscade fraîchement râpée	
2 1/2 t	fraises tranchées (ou 300 g de fraises congelées)	625 ml

■ Dans un grand bol, battre les jaunes d'oeufs jusqu'à ce qu'ils soient pâles et épais. Incorporer le sucre en battant. Incorporer graduellement la crème en battant. Incorporer la vanille. Passer la crème.

■ Répartir la crème dans 10 petits moules (environ 1/3 tasse/75 ml dans chacun). Parsemer d'une pincée de muscade. Mettre les moules dans un grand plat et y verser de l'eau chaude jusqu'à mi-hauteur des moules. Couvrir le plat de papier d'aluminium. Cuire au four à 300°F (150°C) pendant 15 minutes ou jusqu'à ce qu'un couteau inséré au centre en ressorte propre. Laisser refroidir et réfrigérer.

■ À l'aide du robot culinaire ou du mélangeur, réduire les fraises en purée. Napper chaque crème à la vanille d'un peu de sauce aux fraises. Ou démouler dans des assiettes individuelles et arroser de sauce aux fraises. Donne 10 portions.

Tarte glacée au chocolat

Ce dessert est un jeu d'enfant. Il se réalise en un rien de temps et il est tout fin prêt lorsque vos invités arrivent. Préparez cette tarte avec d'autres crèmes glacées selon votre goût.

3 c. à tab	beurre	45 ml
1 t	gaufrettes à la vanille émiettées	250 ml
1/4 t	amandes finement hachées	60 ml
2 c. à tab	sucre	30 ml
4 t	crème glacée au chocolat	1 L
1/4 t	amandes en lamelles	60 ml

■ **Méthode au micro-ondes:** Dans un bol allant au micro-ondes, faire fondre le beurre à puissance maximale pendant 30 secondes. Ajouter les gaufrettes, les amandes hachées et le sucre, et mélanger. Étendre la préparation en pressant dans un moule à tarte de 9 po (23 cm) légèrement graissé. Cuire à puissance maximale pendant 1 1/2 minute ou jusqu'à ce que la croûte soit ferme. Laisser refroidir complètement.

■ Faire ramollir, mais non fondre, la crème glacée à puissance moyenne-faible (30 %) pendant environ 1 minute. Verser avec une cuillère dans la croûte. Couvrir et congeler jusqu'à ce que la crème soit ferme, pendant 1 1/2 heure environ.

■ Étendre uniformément les amandes tranchées sur un plat et cuire à puissance maximale pendant 6 à 8 minutes ou jusqu'à ce qu'elles soient légèrement dorées, en remuant souvent. En parsemer le bord de la tarte juste avant de servir.

■ **Méthode traditionnelle:** Dans une casserole, faire fondre le beurre à feu doux. Ajouter les gaufrettes, les amandes hachées et le sucre, et mélanger. Étendre en pressant dans un moule à tarte de 9 po (23 cm) légèrement graissé. Cuire au four préchauffé à 350°F (180°C) pendant environ 10 minutes ou jusqu'à ce que la croûte soit dorée. Laisser refroidir complètement.

■ Laisser ramollir, mais non fondre, la crème glacée à la température de la pièce pendant environ 30 minutes. Verser avec une cuillère dans la croûte. Couvrir et congeler jusqu'à ce que la crème soit ferme, pendant 1 1/2 heure environ.

■ Étendre les amandes sur une plaque à pâtisserie et cuire au four préchauffé à 350°F (180°C) pendant 8 à 10 minutes ou jusqu'à ce qu'elles soient légèrement dorées. En parsemer le bord de la tarte juste avant de servir. Donne 8 portions.

DESSERTS GLACÉS

Lorsque vous recevez des gens à dîner de façon impromptue, un dessert glacé est un excellent choix. Servez la crème glacée dans des flûtes, des coupes ou des assiettes à dessert.

• Préparez rapidement une sauce en réduisant en purée un paquet de fraises ou de framboises sucrées congelées. Ou réduisez en purée des pêches fraîches pelées et nappez-en de la crème glacée à la noix de coco pour un dessert à la saveur tropicale.

Remerciements

Les personnes suivantes ont créé les recettes de la COLLECTION CULINAIRE COUP DE POUCE: **Elizabeth Baird, Karen Brown, Joanna Burkhard, James Chatto, Diane Clement, David Cohlmeyer, Pam Collacott, Bonnie Baker Cowan, Pierre Dubrulle, Eileen Dwillies, Nancy Enright, Carol Ferguson, Margaret Fraser, Susan Furlan, Anita Goldberg, Barb Holland, Patricia Jamieson, Arlene Lappin, Anne Lindsay, Lispeth Lodge, Mary McGrath, Susan Mendelson, Bernard Meyer, Beth Moffatt, Rose Murray, Iris Raven, Gerry Shikatani, Jill Snider, Kay Spicer, Linda Stephen, Bonnie Stern, Lucy Waverman, Carol White, Ted Whittaker** et **Cynny Willet**.

Photographes: **Fred Bird, Doug Bradshaw, Christopher Campbell, Nino D'Angelo, Frank Grant, Michael Kohn, Suzanne McCormick, Claude Noel, John Stephens** et **Mike Visser**.

Rédaction et production: Hugh Brewster, Susan Barrable, Catherine Fraccaro, Wanda Nowakowska, Sandra L. Hall, Beverley Renahan et Bernice Eisenstein.

Texte français: Marie-Hélène Leblanc.

Index

PROCUREZ-VOUS CES LIVRES À SUCCÈS DE LA COLLECTION
COUP DE POUCE
Le magazine pratique de la femme moderne

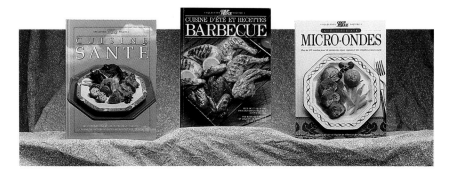

CUISINE SANTÉ

Plus de 150 recettes nutritives et délicieuses qui vous permettront de préparer des repas sains et équilibrés, qui plairont à toute votre famille. Des entrées appétissantes, des petits déjeuners et casse-croûte tonifiants, des salades rafraîchissantes, des plats sans viande nourrissants et des desserts légers et délectables. Ce livre illustré en couleurs contient également des tableaux sur la valeur nutritive de chaque recette, des informations relatives à la santé et à l'alimentation, et des conseils pratiques sur l'achat et la cuisson des aliments. . . . *24,95 $ couverture rigide*

CUISINE MICRO-ONDES

Enfin un livre qui montre comment tirer parti au maximum du micro-ondes. Ce guide complet présente plus de 175 recettes simples et faciles, 10 menus rapides pour des occasions spéciales, l'ABC du micro-ondes, des tableaux et des conseils pratiques. Vous y trouverez tout, des hors-d'oeuvre raffinés aux plats de résistance et aux desserts alléchants. Un livre indispensable si l'on possède un micro-ondes. . . . *29,95 $ couverture rigide*

CUISINE D'ÉTÉ ET RECETTES BARBECUE

Profitez au maximum de la belle saison grâce à ce livre abondamment illustré de merveilleuses photos en couleurs regroupant plus de 175 recettes et 10 menus. Outre des grillades de toutes sortes, vous y trouverez des soupes froides, des salades rafraîchissantes, de savoureux plats d'accompagnement et de superbes desserts. Des informations précises et à jour sur l'équipement et les techniques de cuisson sur le gril font de ce livre un outil complet et essentiel pour la cuisine en plein air. . . . *24,95 $ couverture rigide*

Ces trois livres de la collection *Coup de pouce* sont distribués par Diffulivre et vendus dans les librairies et les grands magasins à rayons. Vous pouvez vous les procurer directement de *Coup de pouce* en envoyant un chèque ou un mandat postal (au nom de *Coup de pouce*) au montant indiqué ci-dessus, plus 3 $ pour les frais d'envoi et de manutention et 7 % de TPS sur le montant total, à:
Coup de pouce, C.P. 6416, Succursale A, Montréal (Québec), H3C 3L4.